Carlo Carretto

GIB MIR DEINEN GLAUBEN

CARLO CARRETTO

GIB MIR DEINEN GLAUBEN

Gespräche mit
Maria von Nazareth

Mit einem Geleitwort von
Klaus Hemmerle

Herder

Freiburg · Basel · Wien

Titel des italienischen Originalwerkes:
Beata te che hai creduto
Edizioni Paoline, Roma 1980
Übersetzung aus dem Italienischen von M. O. Wahl

SIEBTE AUFLAGE

Umschlagbild: Pfingsten.
Glasfenster in der Pfarrkirche zu Lungötz, Land Salzburg
von Albert Birkle

Printed in Germany

Herstellung: Freiburger Graphische Betriebe 1987
ISBN 3-451-19018-4

Zum Geleit

Eine Szene des Evangeliums, die mich schon immer bewegte, ist die Heilung jenes Gelähmten, den seine Freunde auf der Bahre durch das Dach, das sie unversehens während Jesu Predigt abdecken, ihm vor die Füße lassen (vgl. Mk 2, 1–12). Da kann auch der, der alles kann, nicht anders: er muß sich unmittelbar auf ihn einlassen. Wer zuerst an der Reihe wäre, spielt keine Rolle mehr. Außerhalb der Ordnung, ganz kühn und spontan, schenken sich Begegnung und Wunder.

An diese Begebenheit mußte ich denken, als ich die folgenden Kapitel von Carlo Carretto über Maria las. Er hat sich selber und mit sich uns genommen und sich und uns unmittelbar ein-gelassen in das Leben Mariens. Eine kühne Verkürzung des Weges, auf dem man über Schrift- oder Dogmenauslegung sich heranzuarbeiten hätte an das Geheimnis Mariens? Aber bitte schön, Maria ist doch Mutter! Und zwar die unsere. Und sie ist Glaubende, die erste Glaubende sogar, unsere Schwester. Und wozu hat Gottes Geist in Evangelium und Dogma uns die Botschaft von Maria eröffnet? Doch einfach dazu, daß wir sie als Mutter und Schwester entdeckten und so glauben lernten und leben lernten wie sie. Glaube aber wächst nur am Glauben, Leben nur am Leben. Und so erschließt sich in der Tat ein überraschendes Dreiecksverhältnis im Mitgang mit dem Weg, den Carlo Carretto uns führt. Wir ertasten an seinem Leben, an seiner Glaubenserfahrung das Geheimnis Mariens selbst und unser eigenes Glauben und Leben. Aber wir ertasten es nur, wenn wir den Mut zu uns selber haben, eben: mit ihm uns selber ein-lassen auf seinen Weg. Und zugleich müssen wir mit ihm bereits bei Maria sein, den Sprung durch den Buchstaben in den Geist schon getan haben, damit der Buchstabe lebt und der Geist im Buchstaben beredt wird. Lerne in der Erfahrung des Bruders deine eigene und jene Mariens! Lerne an deinem eigenen Leben, was ihr und ihm widerfährt! Lerne am Buchstaben der Botschaft jenen Geist, der dich zu Maria, der dich zu dir, der dich zu deinem Bruder bringt! Für solche Einladung sollten wir beiden Gesprächspartnern danken, dem Bruder Carlo, aber auch der Schwester und Mutter Maria.

Aachen, Mariä Himmelfahrt 1980

† *Klaus Hemmerle*

Inhalt

Einleitung
Die Madonna vom Spielkarren

Bruder!
Schwester!

Zuerst möchte ich dir von einem Marienbild erzählen, bei dem etwas nicht stimmt.

Das Kind im Arm der Mutter, dem der unbekannte Maler des 15. Jahrhunderts ein Vögelchen in die Hand gegeben hatte, drückt statt dessen ein Spielkärrelchen an sich, von dem man denken könnte, der heilige Josef habe es ihm aus einem Stückchen Holz gemacht.

Ich gestehe, der Eingriff stammt von mir, und das kam so:

Ich war 36 Jahre alt, als Papst Pius XII. mich nach Rom berief, um die Leitung der Jugendorganisation der Katholischen Aktion zu übernehmen. Das war damals keine kleine Aufgabe. Heute hat sich die katholische Bewegung in Tausende von Rinnsalen verteilt; damals gab es nur eine Gesamtorganisation, die eine halbe

Million Jugendliche umfaßte, dazu vierzehn Zeitungen und weitere zwanzigtausend Vereine.

Oft fühlte ich mich von der Last der Verantwortung erdrückt, und damals habe ich das Fürchten gelernt, besonders wenn ich von den Außenbezirken nach Rom reiste.

Ja, Rom war mein Alptraum, die Aufgabe, die meine Kräfte überstieg, jenes unnennbare Mysterium, das mich aus den antiken Steinen der Metropole anhauchte, der Anblick des Petersplatzes, der den Touristen nur mit seiner Harmonie in Bann schlägt, mir aber eine unbegreifliche Qual bereitete, die mich zuweilen lähmte.

Ich hatte zu Hause eine Kopie dieses ziemlich bekannten Marien-Gemäldes. Ich hielt es in Ehren, weil es mir gefiel und mir soviel sagte.

Wie es kam, weiß ich nicht, aber ich sehe mich plötzlich zum Pinsel greifen und an die Stelle des Vögelchens den kleinen Karren malen, der das Symbol meines Familiennamens ist.

Während ich diese kindliche Zeichnung anfertigte, war es mir, wie wenn ich zu Maria sagte: „Hab du drauf acht. Ich wäre zufrieden, ein Spielzeug in der Hand deines Sohnes zu sein, besonders jetzt, wo ich in Schwierigkeiten bin, aber hab du drauf acht."

Die Angst vor Rom verlor ich nicht ganz; sicher aber ist, daß jedesmal, wenn es mir beklommen zumut wurde, etwas mir heraushalf: ich brauchte mich nur als Teil jenes so friedvollen Bildes zu denken, und schon gelang es mir, ruhig zu werden und den Tag in Frieden zu beenden.

Ich kann sagen, daß ich mich in schweren Stunden immer auf jenem Bild suchte, wo Jesus sein hölzernes Kärrelchen an sich drückt, das Zeichen eines anderen Kärrelchens, das über die staubigen Straßen der Welt holpert.

Mein Verhältnis zu Maria, der Mutter Jesu, war – muß ich sagen – von jener romantischen Marienverehrung verdorben, die vor dem Konzil ihr Unwesen trieb und je pompöser, desto hohler wurde.

Daß Maria Königin sei – und was für eine Königin! –, daß sie ein Geschöpf gewesen sei, das nie etwas verkehrt machte, durch die Straßen Nazareths wandelte voll klaren Wissens über die Dinge, unfähig, zu fehlen und zu zweifeln – all das sagt einem Menschen wenig, der verängstigt ist und sich mühselig durch die Wüste des Glaubens schleppt.

Die Hochstilisierung Marias durch den Fanatismus der Superfrommen, an denen es in der katholischen Welt nicht fehlt, zerreibt schließlich den echten theologischen Gehalt der Verehrung für diejenige, die nichts Geringeres als die Mutter Gottes war und keine Empfehlungen nötig hat, um zu Ansehen zu kommen. Es genügt vollauf, sich ans Evangelium zu halten.

Ich habe mich darum in diesen letzten Jahrzehnten nie darüber gewundert, daß in der jungen Generation die Liebe zu Maria ausgestorben ist und Rosenkranzverkäufer die Bude zumachen.

Es mußte ja so kommen.

Wie in vielen anderen Dingen muß ein neuer Anfang gemacht werden. Haben wir nicht auch mit der Bibel neu angefangen, die zu meiner Jugendzeit ein verbotenes Buch war? Haben wir nicht mit der Liturgie neu angefangen, die vor dem Konzil in kalten Gebärden zu erstarren drohte, in einer fürs Volk unverständlichen Sprache? Haben wir nicht neu angefangen mit der Kirche, die in der Vergangenheit als eine klerikale Pyramide angesehen wurde, während das Konzil sie „Volk Gottes" nennt, Volk auf dem Weg ins Gelobte Land?

So fangen wir denn auch mit der Madonna von vorne an, auch wenn es nur so aussieht, als fingen wir etwas neu an, denn in Wirklichkeit setzen wir etwas fort, ist doch die Kirche ein lebendiger Leib, eine lebendige Wirklichkeit, in der alles weitergeht.

Für mich hatte der Neuanfang meiner Beziehung zu Maria einen dramatischen Anlaß.

Es war während meines langen Aufenthaltes in der Wüste.

Ich lebte im Hoggar in einer Fraternität der Kleinen Brüder von Charles de Foucauld und verdiente mir mein Brot als Meteorologe auf den Pisten von Tit, Tazrouk, An Amguel. Die Arbeit gefiel mir sehr, weil sie mir außer dem Lebensunterhalt die Möglichkeit gab, in der Umgebung zu leben, die ich gesucht hatte: die Wüste, und weil sie es mir erlaubte, die tägliche Mühe mit langem Schweigen und Beten zu verbinden.

In kurzer Zeit lernte ich die Tuareg kennen, die in Zelten lebten, die Oasenbauern und die Araber, die aus dem Norden kamen, und die Mozabiten, die Handel trieben.

Besonders mit den Tuareg hatte ich mich angefreundet, die ihre Lager längs einer Bodensenke und auf den Hochflächen aufgeschlagen hatten. Wenn ich auf meinen Fahrten durch die Gegend kam, ließ ich es mir nicht entgehen, nach der Arbeit den Abend mit ihnen zu verbringen. Bei einer solchen Gelegenheit erfuhr ich etwas Merkwürdiges.

Es war mir zufällig zu Ohren gekommen, daß ein Mädchen des Lagers einem jungen Mann aus einem andern Lager versprochen war, daß sie aber noch nicht zu ihrem Bräutigam ziehen durfte, weil sie noch zu jung war. Unwillkürlich brachte ich damals diese Mitteilung mit der Stelle im Matthäusevangelium zusammen, wo es heißt, daß die Jungfrau Maria mit Josef verlobt worden sei, daß sie aber noch nicht miteinander lebten (vgl. 1,18).

Als ich zwei Jahre danach wieder in dieses Lager kam, fragte ich einmal unvermittelt, gleichsam um das Gespräch zu beleben, ob die Heirat stattgefunden habe. Mein Gesprächspartner schien peinlich berührt, und es folgte ein betretenes Schweigen. Auch ich schwieg. Doch als ich an diesem Abend aus einer „gueltà"[1] Wasser holte, ein paar hundert Meter vom Lager entfernt, sah ich dort einen der Knechte meines Gastgebers, und da konnte ich meiner Neugier nicht widerstehen; ich wollte den Grund des verlegenen Schweigens erfahren, mit dem der Chef des Lagers meine Frage abgewiesen hatte.

Der Knecht schaute sich vorsichtig um, doch da er großes Vertrauen zu mir als einem „marabut"[2] hatte, machte er mir ein Zeichen, das ich allzugut verstand: er fuhr mit der Hand an die

[1] Gesteinsbecken, darin sich von unten her Wasser sammelt.
[2] Bezeichnung im Islam für einen gottgeweihten Mann.

Kehle und führte jene Bewegung aus, mit der die Araber sagen wollen: „Es wurde ihr die Kehle durchgeschnitten".

Und warum? Noch vor der Hochzeit entdeckte man, daß sie schwanger war, und die Ehre der Familie forderte dieses Opfer. Mich überlief ein Schauer beim Gedanken an das Mädchen, das getötet wurde, weil es seinem zukünftigen Gatten nicht treu war[3].

Am Abend bei der Komplet, unter dem Himmel der Sahara, wollte ich den Matthäus-Text über die Empfängnis Jesu in Maria nachlesen. Ich hatte eine Kerze angezündet, weil es dunkel war. Es war eine mondlose Nacht.

Ich las: „Maria, seine Mutter, war mit Josef verlobt; noch bevor sie zusammengekommen waren, zeigte sich, daß sie ein Kind erwartete – durch das Wirken des Heiligen Geistes. Josef, ihr Mann, der gerecht war und sie nicht bloßstellen wollte, beschloß, sich in aller Stille von ihr zu trennen" (Mt 1,18f).

Josef war also kein Denunziant, und Joachim, Marias Vater, spielte nicht den diensttuenden

[3] In unserer Bestürzung über diese harten Sitten dürfen wir nicht deren geschichtliche Herkunft vergessen. In der Vergangenheit wurde die eheliche Keuschheit von der Gesellschaft mit furchtbarer Unerbittlichkeit verteidigt. Selbst Mose hatte Ehebruch und Unzucht mit der Todesstrafe belegt (Dtn 22,13–29; vgl. Joh 8,5).

Gesetzeshüter und brachte Maria nicht um, wie das Gesetz Moses es gebot.

Ich erinnere mich, wie wenn es heute wäre. Ich fühlte Maria ganz nahe bei mir im Sand kauern, klein, schwach, hilflos in ihrer so wunderbaren und doch so unverkennbar wirklichen Schwangerschaft.

Ich löschte die Kerze. In dieser dunklen Nacht sah ich keine Sterne. Ich sah ringsum viele Augen glitzern wie die Augen der Schakale, wenn sie es auf die Lämmer abgesehen haben.

Es waren die Augen all der Bewohner von Nazareth, die das Mädchen belauerten, das ein Kind im Schoß trug, und es mit der ganzen Wucht des Argwohns, deren die Menschen fähig sind, ausfragten: „Wie bist du zu dem Kind gekommen, du unanständiges Ding?“

Was für eine Nacht! Was soll ich antworten?

Daß Gott der Vater dieses Kleinen sei?

Wer glaubt mir das?

Ich sage nichts.

Gott weiß. Gott sorgt...

Arme holde Maria, kleine mädchenhafte Mutter. Du fängst deinen Weg schlimm an! Wie willst du mit so vielen Feinden fertig werden? Wer wird dir glauben?

An jenem Abend fühlte ich zum erstenmal, daß ich dem Geheimnis Marias näherkam.

Zum erstenmal sah ich sie nicht auf dem Altar als eine unbewegliche Statue aus Wachs, im Putz und Staat einer Königin, sondern ich sah die Schwester, sah sie neben mir im Sand der Welt sitzen, mit abgetragenen Sandalen wie meine und mit soviel Müdigkeit in den Gliedern.

Jetzt verstand ich, warum ihre Base Elisabeth, zu der Maria nach jenen Geschehnissen ging (und sicher hat sie sich gern den neugierig starrenden Blicken, jenen prüfenden Glitzeraugen ihrer Umgebung entzogen), nachdem sie Marias Erzählung angehört hatte, ausrief:

Selig bist du, weil du geglaubt hast! (Lk 1,45)

Ja, wahrhaft selig!

Maria, es braucht Mut, an diese Dinge zu glauben!

Es ist schwer für uns, an das zu glauben, was du uns sagst und bezeugst, daß dieser Sohn nicht die Frucht eines nächtlichen Abenteuers ist, über das du dich nicht erklären möchtest.

Aber es ist vor allem schwer für dich!

Selig bist du, weil du geglaubt hast.

Es ist das Höchste, was einem kleinen, demütigen, armen Mädchen gesagt werden kann, es sei ihm widerfahren, mit Engeln zu sprechen, diesem einfachen Mädchen, das sich für nichts hielt und nun zu hören bekommt, es solle einen Sohn bekommen, der der Heilige und der Sohn des Allerhöchsten sein wird.

Selig bist du, weil du geglaubt hast, Maria.

An jenem Abend im Sand, nahe der „gueltà" von Issakarassem beschloß ich, Maria zur Lehrerin des Glaubens zu erwählen.

Ich hatte einen lebendigen Kontakt mit ihr bekommen. Sie war nicht mehr eine Gestalt, der ich untertänige Verehrung schuldig war, sie war die Schwester meines Herzens, die Reisegefährtin, die Lehrerin meines Glaubens.

Ja, genau des Glaubens.

Ich will es erklären. Ihr müßt wissen, Brüder, den ganzen langen Weg des Glaubens bin ich gegangen und ... zu Fuß. Mein Glück war, daß ich vor der Finsternis nicht zurückgeschreckt bin und daß ich weiterstapfte, auch wenn ich nicht mehr konnte.

Die in der Wüste verbrachten Jahre haben mir viel geholfen, auch wenn ich gerade dort die „Nacht" kennenlernte, die der heilige Johannes vom Kreuz beschrieben hat.

Heute fühle ich mich als Bruder all derer, die sich Atheisten nennen (und es sind wenige), und mehr noch derer (und das sind viele), die sich schwertun mit dem Glauben und noch nicht die wahren Umrisse des Problems kennen.

Wenn ich gestorben bin – und ich hoffe bald, denn ich habe den Herrn kennengelernt und sehne mich danach, sein Antlitz zu sehen – und ihr kommt an mein Grab und haltet es für möglich, daß es eine Kommunikation zwischen den Kindern des Reiches Gottes gibt, dann bittet mich nicht, daß ich für euch um die Heilung von dem oder jenem Leiden bete. Bittet mich nur, daß ich für euren Glauben bete. Er ist das einzige Geschenk, um das es sich zu beten lohnt.

Nun also, wenn ich es tun kann, werde ich es tun: ich werde Maria von Nazareth still in die Augen schauen, und in ihren Anblick versunken, die soviel Glaubensmut hatte, werde ich das einzufangen suchen, was ihr nötig habt.

Brüder und Schwestern, ich habe euch mein Herz geöffnet, ich habe euch alles gesagt.

Wenn ihr mir jetzt zuhört, steckt den Rosenkranz in eure Tasche. Mag sein, es vergehen Jahre, bis ihr ihn leidlich beten könnt. Macht nichts, haltet ihn nur bereit. Es wird euch helfen. Notfalls, wenn er euch zwischen die Finger kommt, sagt nur:

AVE MARIA

Ave Maria

Nach jenem Vorfall mit dem jungen Tuaregmädchen, das von seiner Familie wegen Ehebruchs getötet wurde, fing ich an, Maria von Nazareth immer besser zu verstehen. Es war, wie wenn sie unversehens meine Schwester geworden wäre. Ich war nicht daran gewöhnt, sie so nahe zu sehen, so menschlich, so zerbrechlich. Der Marienkult hatte zwar eine Art übernatürlicher Beziehung zu entwickeln vermocht, aber er hatte ihre Stimme als Frau, als Geschöpf, als Schwester, als Lehrerin erstickt, die mir etwas zu sagen hatte, ganz aus der Nähe.

Ja, ich muß es in Demut bekennen: erst als mich diese lautlos vollzogene Tragödie in einem verlorenen Tal des Hoggar ans Lukasevangelium erinnerte, gelang es mir, Marias Mut zu ermessen, daß sie den Anruf des Engels und das, was Gott mit ihr vorhatte, annahm.

Sie mußte die Rolle des schwangeren Mädchens annehmen.

Wer hätte ihr geglaubt? Wer hätte einem jungen Mädchen die Geschichte abgenommen, wenn es hereinkäme und sagen würde: „Weißt du ... dieses Kind, das ich erwarte, ist der Sohn des Allerhöchsten ...“

Bei mir zu Hause hätte sie zuallermindest eine Ohrfeige von meinem Vater eingesteckt, und wir waren in Piemont; in einer Familie weiter im Süden hätte sie zu hören bekommen: „Fort mit dir und laß dich nie wieder sehen, du bist der Schandfleck der Familie.“

In manch einem arabischen oder skythischen oder hebräischen Haus von dazumal ... wäre Blut geflossen.

Maria hatte im Glauben den Mut, auf den Gott des Unmöglichen zu vertrauen und ihm die Lösung ihrer Probleme zu überlassen; ihr Glaube war vollkommen.

Es war beglückend für mich, dies auf einem so eindrucksvollen Schauplatz, wie es die Wüste – und was für eine Wüste! – ist, entdeckt zu haben.

Vergessen wir nicht, daß die Bibel genau auf diesem Landstrich zwischen Wüste und Steppe geschrieben wurde, wo die Karawanen gehen, wo die Esel und Schafe das magere Gras abrupfen und die Menschen gewohnt sind, den Himmel zu befragen, weil er ihre einzige Lebenshoffnung ist.

Nun war auch ich dort. Als ich abends am Rand der Piste das Lager aufschlug und Feuer anzündete, um Brot zu backen und Tee zu kochen, kam Maria mir ganz nahe. Ich brauchte bloß den Rosenkranz hervorzuholen – meinen selbstgemachten aus Holzstückchen, die ich in Issakarassem aufgesammelt hatte –, den ich immer in der Tasche hatte, und schon fühlte ich ihre Gegenwart, neben mir am Feuer. Ist die Wüste nicht eine Kirche mit dem Sternenhimmel als Gewölbe und dem feinen warmen Sand als Sitzmatte zum Beten?

Wie befreiend, das Gefühl von Raum und Zeit zu verlieren und die Gemeinschaft der Heiligen als lichte Wirklichkeit zu erleben. Gerade dazu bin ich in die Wüste gekommen. Ich wollte die Schranke zwischen dem Sichtbaren und dem Unsichtbaren, zwischen Himmel und Erde zerbrechen, und im Glauben ist es mir schon oft gelungen.

Welch ein Frieden, die Dinge hinter sich zu lassen!

Leben, wie wenn das Evangelium jetzt geschrieben, jetzt durchlebt würde. Sehen, wie das Zeichen der Dinge Gottes zerspringt, um dir seine unsichtbare Gegenwart, seine göttliche Wirklichkeit zu zeigen.

Mit den Heiligen sprechen können.

Die eucharistische Gegenwart erfahren, hier unter dem Zelt, das sich in einen Tabernakel verwandelt hat.

Eines Abends begann ich das Gespräch mit Maria. Es fiel mir so leicht! Ich war ihr so zugetan.

Maria, sag mir, wie es war. Erzähl es mir, wie du es Lukas dem Evangelisten erzählt hast.

„Du weißt es doch“, sagte sie zu mir, „du kennst ja das Evangelium.

Heute sehe ich alles in Licht getaucht.

Ich lebte in Nazareth in Galiläa, und mein Leben unterschied sich nicht von dem der jungen Mädchen des Volkes: Arbeit, Gebet, Armut, große Armut, Lebensfreude und vor allem Hoffnung auf die verheißene Zukunft Israels.

Mit Anna, meiner Mutter, wohnte ich in einem kleinen, einfachen Haus mit einem Hof davor und einer hohen Einfriedungsmauer drum herum, die den Zweck hatte, uns Frauen einen Freiraum der Intimität zu geben. Oft hielt ich mich dort auf, um zu arbeiten und zu beten. Beides durchdrang sich, und ich war voll Frieden und Freude.

An jenem Tag war ich allein in dem kleinen Vorraum. Licht umfing mich.

Ich saß auf meinem Schemel und betete. Ich hielt die Augen halb geschlossen, und eine große

Freude überkam mich. Das Licht wurde immer stärker, so daß ich die Augen schloß, um nicht geblendet zu werden. Dann hob ich langsam ein wenig die Lider und ließ das Licht in mich einströmen.

Es war mir ein Zeichen der Anwesenheit Gottes, die mich wie einen Mantel einhüllte. Mit einemmal nahm das Licht die Gestalt eines Engels an. So habe ich mir die Engel immer vorgestellt wie diesen, den ich jetzt sah.

Du kennst das, wie es mit dem Glauben ist. Man weiß nie, ob das Geschaute in dir drinnen oder draußen ist.

Es muß wohl drinnen sein, denn wäre es nur draußen, so könnte man daran zweifeln und fürchten, es sei bloß eine Illusion.

Aber in deinem Innern ist es keine Illusion, das weißt du einfach: es ist ein Zeugnis Gottes.

Ich rührte mich nicht, aus Furcht, es könnte sonst alles verschwinden.

Doch nein, der Engel sprach, er sprach wirklich. Auch da weißt du nie, ob du die Stimme in deinen Ohren hörst oder viel tiefer im Innern.

Es muß im Innern sein, denn würdest du sie mit dem Ohr vernehmen, könntest du dich täuschen.

Ich hörte die Stimme da, wo Gott selbst Zeuge ist.“

Und was sagte dir die Stimme?

„Sie sagte: *Gegrüßt seist du, Maria, voll der Gnade, der Herr ist mit dir.*"

Wie war dir zumute?

„Natürlich war ich bestürzt. Es war, wie wenn etwas Unermeßliches zu mir hereinkäme, viel zu groß für mein Fassungsvermögen.

Und schon sagte der Engel: *Fürchte dich nicht, Maria* (Lk 1,30).

Das machte mir Mut, weil ich den gleichen Satz in der Synagoge gehört hatte, als die Geschichte von Abraham vorgelesen wurde: *Fürchte dich nicht, Abram! Ich bin dein Schild* (Gen 15,1).

Dann kündigte mir der Engel die Mutterschaft an, und die wenigen Worte waren von solcher Klarheit, daß es mir war, als würden sie in diesem Augenblick in mir erzeugt. Das hatte ich noch nie erlebt, Worte zu hören, die soviel waren wie Ereignisse."

Sag mir, Maria, warst du völlig überrascht? Hattest du vorher nie daran gedacht, daß du ... gerade du ...

„O doch! Daran gedacht habe ich schon. Wir jüdischen Mädchen dachten an nichts anderes. Wir fühlten, die Zeit war gekommen, und wenn wir in der Synagoge beteten, war die Luft gesättigt von der Erwartung des Messias."

Was hast du davon begriffen, was dir der Engel sagte, daß du die Erwählte seist und daß der Messias von dir geboren werden solle?

„Ich verstand genau, was er mir sagen wollte. Ich wunderte mich nur sehr, wie das möglich sei, da ich doch Jungfrau war?

Der Engel erklärte es mir, und es wurde mir leicht, meine Einwilligung zu geben, denn ich fühlte mich in Gott eingetaucht wie in jenes blendende Mittagslicht.

Ich ahnte auch schon die Verwicklungen, in die ich hineingeriet: ich würde mich meiner Mutter nicht verständlich machen können und noch weniger meinem Bräutigam Josef, aber ich hätte mich nicht verweigern können, so stark war ich von Gott ergriffen und so groß war die Gewißheit, die mir aus den Worten des Engels kam.

Für Gott ist nichts unmöglich (Lk 1,37).

Nichts.

Ganz langsam verlosch das Licht, und ich sah den Engel nicht mehr. Ich sah meine Mutter Anna über den Hof kommen, und es drängte mich, ihr davon zu sprechen, aber ich war nicht imstande, ich fand nicht die rechten Worte. Plötzlich begriff ich, daß es keine Worte gab, die Sache zu erklären.

Das wurde in den folgenden Tagen nicht anders, ja von Tag zu Tag wurde ich schweigsamer. Das Gespräch mit Josef, meinem Verlobten, wurde immer schwieriger.

Du weißt, wie es in unserem Volk Brauch war. Das Mädchen wurde dem Bräutigam sehr früh versprochen. Es war wie ein Vertrag zwischen Familien. Weil die zukünftige Braut noch so jung war, ließ man sie einstweilen in ihrer Familie, bis sie die Reife erlangt hatte. Dann wurde mit großem Gepränge des Nachts Hochzeit gehalten, der Bräutigam kam in Begleitung seiner Freunde mit vielen Fackeln und Gesängen und Freudenrufen, seine Braut abzuholen und heimzuführen. Von da an waren sie wirklich Eheleute.

Als der Engel mir erschien, mir die Mutterschaft anzukündigen, war ich noch zu Hause. Ich war Josef versprochen, aber ich wohnte noch nicht bei ihm.

Es genügten wenige Monate, um mich in den Augen der Menschen ins Zwielicht zu setzen. Meine Schwangerschaft war nicht mehr zu verbergen. Damals lernte ich den dunklen und schmerzlichen Glauben kennen.

Wie sollte ich mich meiner Mutter erklären?

Was sollte ich zu meinem Verlobten Josef sagen?

Ich durchlebte eine schmerzvolle Zeit, und mein einziger Trost war, mir immerfort zu sagen: ‚Alles ist Gott möglich, alles ist Gott möglich.‘

An ihm war es, Klarheit zu schaffen, darauf vertraute ich. Mein Leid wurde davon freilich nicht weggenommen, und es gab Stunden, in denen es herzzerreißend war.

Inzwischen wagte ich nicht mehr aus dem Haus zu gehen, und einmal sah ich eine Nachbarin über die Hofmauer spähen, mit kalter Neugier in den Augen.

Die Sache spitzte sich zu, und ich zitterte bei dem Gedanken, man könnte mich als Ehebrecherin anzeigen.

Dazu fehlte nicht viel. Josef brauchte nur zur Synagoge zu gehen und die Sache darzulegen; schnell hätte er eine Horde Eiferer hinter sich gehabt, mit Steinen in der Hand, um mich zu steinigen. Es war nicht das erstemal, daß in Nazareth eine Ehebrecherin zu Tode gebracht wurde.

Aber es ist wahr, ‚Gott vermag alles‘.

Er selbst erklärte sich.

Als erstem wurde Josef geholfen. Er sagte mir, er habe einen ganz außerordentlichen Traum gehabt und sein Vertrauen zu mir sei durch nichts mehr zu erschüttern.

Wie froh war ich, als er mir das sagte!

Aber in welcher Angst war ich vorher, in welcher Dunkelheit. Ich wußte nun schon, wie es mit dem Glauben ist: daß man sich daran gewöhnen muß, im Dunkel zu leben.

Noch etwas Außergewöhnliches kam hinzu, das meine Qual in jenen Monaten erleichterte.

Du weißt, der Engel hatte mir ein Zeichen gegeben, um mir in meiner Schwäche zu helfen. Er hatte mir mitgeteilt, daß meine Base Elisabeth ein Kind empfangen hatte und daß dies schon der sechste Monat für sie war: eine höchst erstaunliche Sache, denn wir alle in der Familie wußten, daß sie unfruchtbar war.

Ich sollte sie nun in Judäa in Ain-Karim besuchen, das war ihr Wohnort. Ich ließ mich nicht lange bitten. Auf die Idee war meine Mutter gekommen. Sie wollte mich vor den zudringlichen Blicken und dem Geschwätz der Leute bewahren.

In der Nacht brach ich auf, und wie gern! Weit fort von Nazareth!

Als ich kam, war meine Base schon nahe vor der Geburt. Ganz glücklich sah sie aus, die Arme, die sich so viele Jahre vergeblich einen Sohn gewünscht hatte.

Auch ihr hatte sich der Herr erklärt, denn als ich sie begrüßte, war es, als wisse sie alles.

Von einem wunderbaren Wissen war sie erfüllt! Sie fing vor Freude zu singen an, und ich sang mit ihr. Wir waren beide wie von Sinnen, vor Liebe von Sinnen.

Es gab noch einen Dritten, der vor Freude tanzte. Das war der Kleine, der künftige Johannes, der im Schoß Elisabeths hüpfte, als wollte er Jesus, der in dem meinen war, willkommen heißen.

Es waren unvergeßliche Tage.

Elisabeth, die sich auf den Glauben verstand, und zwar auf den dunklen Glauben, und die im Leben so viel gelitten hatte, sagte etwas zu mir, was mich froh machte und mir all die Einsamkeit der vergangenen Monate vergalt: *Selig bist du, weil du geglaubt hast* (Lk 1,45)."

Das Feuer, mit dem ich mein Brot gebacken hatte, war am Erlöschen. Es war tiefe Nacht, und ich fühlte mich allein.

Marias Gegenwart war nun in meinem Rosenkranz, den ich in der Hand hielt und der mich zum Beten einlud.

Ich fror und wickelte mich in den Burnus, den arabischen Mantel aus Schafwolle, den ich bei mir hatte. Es war jetzt vollkommen finster, aber ich hatte keine Lust zum Schlafen. Ich wollte die Meditation auskosten, die Maria mir geschenkt hatte. Vor allem wollte ich behutsam und entschlossen in das Geheimnis des Glaubens eindringen, des wirklichen Glaubens, der schmerzlich, dunkel, trocken ist.

O nein, es ist nicht leicht zu glauben, es ist leichter, vernünftig zu argumentieren. Es ist nicht leicht, das Geheimnis anzunehmen, das dich immer übersteigt und das dir die Grenzen deiner Armut immer weiter dehnt.

Arme Maria!

Es war schwerer für dich, das Kind im Glauben zu empfangen als im Fleisch.

Und doch gibt es keinen anderen Weg als den Glauben. Keine andere Wahl.

Willst du, Maria, vor dem Glauben zurückschrecken, dir sagen, das kann nicht wahr sein, es ist sinnlos, sich einzulassen, sich einen Gott vorzustellen, der Mensch wird, es gibt keinen Messias, der uns rettet, alles ist ein Chaos, das Absurde regiert die Welt, der Tod hat das letzte Wort und nicht das Leben?

Nein!

Wenn Glauben schwer ist, ist Nichtglauben der sichere Tod.

Wenn Hoffen gegen alle Hoffnung heroisch ist, ist Nichthoffen die erwürgende Angst.

Wenn Lieben dich das Blut kostet, ist Nichtlieben die Hölle.

Ich glaube, Herr!

Ich glaube, weil ich leben will.

Ich glaube, weil ich jemand retten will, der am Ertrinken ist: mein Volk.

Ich glaube, weil das die einzige Antwort ist, die dich meint: dich den Transzendenten, den Unendlichen, den Schöpfer, das Heil, das Leben, das Licht, die Liebe, Alles.

Seltsam, um nicht zu sagen wunderbar: kaum hatte ich mit allen Fasern meines Leibes, mit ganzer Seele das Wort „ich glaube" gesagt, sah ich die Nacht hell werden.

Jetzt schließe ich die Augen, weil die Nacht, wahrhaftig die Nacht mich blendet mit ihrem Licht, das über allem Licht ist.

Ja, nichts ist heller als diese dunkle Nacht, nichts ist sichtbarer als der unsichtbare Gott, nichts ist näher als dieser unendlich Ferne, nichts ist kleiner als dieser Unendliche, Gott.

Wirklich, er vermochte in deinem kleinen Schoß zu wohnen, und du hast ihn wärmen können, kleine holde Frau.

Maria! Meine Schwester!

Selig bist du, weil du geglaubt hast, heute sage ich es dir voll Jubel, wie es dir deine Base Elisabeth sagte, an jenem warmen Abend in Ain Karim.

Mein Gott, mein Sohn

Im Advent hielt ich mich auf den hellen warmen Dünen von Beni Abbès auf, in der bestrickenden Oase der Sahara. Ich hatte beschlossen, mich zur Vorbereitung auf Weihnachten in die Einsamkeit zurückzuziehen, und hatte mir als Ort den Brunnen von Ouarourout ausgewählt, wo es reichlich Wasser gab und eine kleine natürliche Grotte, die als Kapelle dienen konnte. Ich machte mich gleich nach Mariä Empfängnis auf den Weg bei herrlichem Wetter und mit einem starken Verlangen nach Einsamkeit.

Indes ... das Wetter schlug bald um, und die Wüste wurde bleigrau und kalt von dem Hochnebel, der die Sonne bedeckte.

Auch mit der Einsamkeit wurde es schwierig, weil Alì mich erspäht hatte, der Sohn von Mohamed Assanì, ein guter Freund, der seine elf Schafe in der Umgegend weidete und begierig nach Gesellschaft und Unterhaltung war. Er schien es darauf anzulegen, aber er konnte für seine Tiere keine passenderen und reicheren Weideplätze finden als in Ouarourout. Er zog Kreise um mich, von ferne, versteht sich, denn er wußte, wenn ich im Gebet war, mußte er fernbleiben und mich in Ruhe lassen.

Der Brunnen war Gemeingut, und so war er berechtigt, sich heranzumachen, wenn er Wasser holen ging. Er ließ sich dann die Gelegenheit nicht entgehen, mich zum Tee einzuladen, den er selbst zubereitete, nachdem er alles Nötige dazu aus meinem Zelt herbeigeschafft hatte.

Alì konnte gut Tee kochen, und er liebte es, ihn mit mir zusammen einzunehmen und dazu Brot zu essen, das ich unter der Asche gebacken hatte. Dann verzog er sich wieder zu seiner Herde, und für den Rest des Tages begnügte er sich damit, mich von ferne zu betrachten und nebenher im Sand kleine Fossilien und archäologische Fundstücke, zum Beispiel Pfeilspitzen aus der Steinzeit, zu suchen, die er mir dann regelmäßig verkaufte.

Das Wetter verschlechterte sich, und ich mußte die Seile, die das Zelt hielten, verstärken, da ich das Unwetter voraussah, das in der Wüste schrecklich ist.

Kurz darauf brach der Sturm los. Wer in der Wüste gelebt hat, weiß, was ein Sandsturm ist.

Um euch einen Begriff davon zu geben, sage ich nur, daß man am hellen Tag das Fahrlicht am

Auto einschalten muß, um die Piste überhaupt zu sehen, und daß die Fensterscheiben und der Lack vom heftigen Anprall des Sandes geradezu abgeschmirgelt werden.

Meine einzige Zuflucht wurde die Grotte, und dort gedachte ich Tag und Nacht zu bleiben, denn ich wollte meine Einkehrzeit nicht unterbrechen.

Wohl dachte ich an Alì, den ich nicht mehr gesehen hatte, aber ich nahm mit Sicherheit an, daß er die Lage richtig eingeschätzt hatte und sich nicht vom Sturm überraschen ließ; gewiß hatte er den Schafstall und das väterliche Zelt rechtzeitig erreicht, die sich etwa zwölf Kilometer von Ouarourout, genau an der Kreuzung der Straße von Bechar, befanden.

Statt dessen!

Ich war gerade beim Beten in der Grotte, als ich ihn hereinstürmen sah, in höchster Erregung und mit seinem Hirtenstab in der Hand.

„Schnell, schnell, Bruder Carlo. Die Schafe kommen um im Sand! Sie sind verloren... hilf mir."

Wir liefen zum Auto, warfen uns hinein und stießen in die vom Wind aufgerührte Wüste vor, in den Sandwirbel, der uns fast blind machte.

In dieser Hölle die Schafe zu finden war nicht leicht. Sie waren verschreckt, ermattet und liefen ziellos hin und her zwischen den Böen von Sand und Regen, der inzwischen eingesetzt hatte.

So etwas hatte ich noch nie gesehen, und ich bekam es wieder einmal zu spüren, wie in der Wüste Leben und Tod nebeneinanderwohnen.

Während ich das Auto steuerte und achtgab, daß wir uns nicht verirrten, stürzte sich Alì auf die Schafe und stopfte sie eins nach dem andern in den Wagen, erschöpft wie sie waren und verdattert vor Angst. Es gelang uns, die Schafe in die Grotte zu bringen, die einzig mögliche Zuflucht vor dem Orkan, der uns den Atem abschnitt. Die kleine Grotte war voll von Wolle, Geblök und dem scharfen Geruch der Herde.

Es fiel mir nicht schwer, an die Grotte von Bethlehem zu denken, und weil ich fror, setzte ich mich dicht neben die wolligsten Schafe, die klatschnaß wie ich im Halbdunkel des sinkenden Abends zitterten.

Ich nahm die Eucharistie aus dem Tabernakel und hängte mir die Kapsel um den Hals unter dem Burnus.

Natürlich gelang es uns nicht, Feuer fürs Abendessen anzuzünden, und wir mußten uns damit begnügen, Brot und eine Dose Sardinen zu essen.

Aber dem Alì schmeckten die Sardinen. Mich drängte es zum Beten, und plötzlich sah ich ein, daß ich bei all dem Durcheinander gar nicht schlecht gefahren war. Vielleicht fiel mir damit das Erlebnis einer Nacht zu, wie sie nicht eigentümlicher sein könnte.

Weihnachten stand bevor.

Ich befand mich in einer Grotte mit einem Hirten.

Ich fror.

Schafe waren da, und es roch nach Mist.

Es fehlte wirklich nichts.

Die Eucharistie, die ich am Halse trug, hielt mich an, mich auf Jesus zu besinnen, der unter dem Zeichen des Brotes gegenwärtig war wie unter dem Zeichen Bethlehems, „Haus des Brotes“.

Die Nacht brach herein. Draußen tobte der Sturm immer noch über der Wüste.

Es war nun ganz still in der Grotte. Die Schafe füllten allen verfügbaren Raum aus. Alì schlief, in seinen Burnus gehüllt, den Kopf auf die Schulter eines dicken Schafes gestützt. Zu seinen Füßen hatte er zwei Lämmchen liegen.

Ich sagte mir aus dem Gedächtnis das Lukasevangelium auf:

Als sie dort waren, kam für Maria die Zeit ihrer Niederkunft, und sie gebar ihren Sohn, den

Erstgeborenen. Sie wickelte ihn in Windeln und legte ihn in eine Krippe, weil in der Herberge kein Platz für sie war (2,6f).

Ich hielt inne und wartete.

Maria wurde mein Gebet, und ich fühlte sie mir ganz nahe.

Jesus war in der Eucharistie bei mir unter meinem Mantel.

All mein Glaube, meine Hoffnung, meine Liebe verdichteten sich in einem Punkt.

Ich brauchte nicht mehr nachzudenken. Nur noch schweigend zu schauen. Die ganze Nacht gehörte mir, und der Morgen war noch ferne.

Träumte ich? Wachte ich? Ich weiß es nicht. Beides war eins.

Was für ein Unterschied soll denn zwischen Traum und Wirklichkeit sein, wenn der Traum das Kommen Gottes auf die Erde im Blick hat und wenn die Wirklichkeit eine Grotte ist, wie die Evangelisten sie beschrieben haben?

Glauben, daß Gott Mensch wurde, ist der größte Traum der Menschheit. Man könnte sagen, der Wunsch, Erde und Himmel zu vereinen, war so groß, daß Weihnachten die Verwirklichung dieses Wunsches wurde.

Also, wie ist es, habe ich Weihnachten, das Kommen Gottes auf die Erde, gewünscht und geträumt, oder ist es ein außerordentliches Ereignis wie ein Traum, der sich erfüllt hat?

Ich kann mir beides denken, gar so außerordentlich ist die Sache; freilich, das Kommen geht dem Traum voraus, wäre doch niemand von uns imstande, einen so einzigartigen und schönen Traum zu träumen.

Was sagst du dazu, Maria, dich ging es doch am meisten an? War es dir nicht wie ein Traum, einen Sohn solcher Art zu haben?

Konntest du es für wirklich halten? Ihn im Fleisch geboren zu haben war nichts im Vergleich mit der schweren Mühe, ihn im Glauben zu gebären.

Das Kindlein zu betrachten und zu betreuen, das wie jedes Menschenkind die Hilfe der Mutter braucht, das war dir leicht, aber dabei zu glauben, das ist Gottes Sohn, das war keine leichte Sache.

Der Glaube war sicher auch für dich dunkel und schmerzlich, nicht bloß für uns, deine Brüder, auf dieser Erde der Lebenden.

Ich habe hier unter dem Mantel die Kapsel um den Hals hängen, die die Eucharistie enthält. Es ist ein Stückchen Brot, Jesus, im Fleische geboren, wie der Glaube versichert, ich trage ihn bei mir, ich liebe ihn, ich bete ihn an, aber…

…Glauben ist nicht leicht.

Ist es nicht so, Maria?

Ist es so nicht auch für dich?

Es gibt keine größere Mühe auf der Erde als die: zu glauben, zu hoffen, zu lieben: du weißt es.

Recht hatte deine Base Elisabeth, als sie zu dir sagte: *Selig bist du, weil du geglaubt hast!*

Ja, Maria, du bist selig, du hast geglaubt.

Du wirst mir glauben helfen, du hast die Kraft gehabt, das Geheimnis der Geburt Jesu anzunehmen, du hast den Mut gehabt, deinen Leib einem solchen Geschehen darzubieten, das unbegreiflich ist in seiner Größe und in seiner verblüffenden Winzigkeit.

In der Inkarnation haben die Extreme sich berührt, und das unendlich Ferne wurde zum unendlich Nahen, das unendlich Machtvolle zum unendlich Armen.

Maria, begreifst du, was du getan hast?

Du hieltest stand unter der Last eines grenzenlosen Geheimnisses.

Du hast dich vor dem Licht des Ewigen nicht versteckt, das deinen Schoß suchte als Haus, um sich darin zu wärmen.

Du bist nicht vor Angst vergangen vor der grinsenden Fratze Satans, der dir zuraunte, so etwas sei ganz unmöglich, die Transzendenz

Gottes könne nicht aus dieser schmutzigen Menschheit Fleisch annehmen.

Was für ein Mut, Maria! Nur deine Demut konnte dir helfen, solchen Anprall von Licht und Finsternis auszuhalten.

Bis gestern war ich es gewohnt zu sagen: *Vater unser im Himmel.*

Verstehen wir uns recht: so leicht ist auch dies nicht. Zu glauben, daß Gott der Schöpfer, der unendlich Gewaltige, Vater ist, ein liebender Vater, das ist schon die Frucht eines langen Weges im Glauben.

In der Vergangenheit, unter dem Donnerrollen und dem Zucken der Blitze war es leichter, an einen „Herrgott" zu denken, das heißt an einen Gott, der einem Angst einflößte.

Nicht umsonst hat die Furcht vor der Hölle und den ewigen Qualen uns Sündern den Schlaf geraubt. Es ist ganz natürlich, vor Gott, dem Schöpfer, Furcht zu haben. Vor einem unzugänglichen, einzigen, richterlichen Gott. Vor diesem Gewaltigen bleibt nichts anderes übrig, als sich vor ihm zu Boden auf die Knie zu werfen.

Die Einzigkeit und Transzendenz Gottes sind der erste Grund des Schreckens. Beim Lesen des Alten Testaments vernimmt man davon den Widerhall, und man kann ermessen, welchen Weg das Volk Gottes in seinem langen Auszug aus der Knechtschaft ins Gelobte Land zurückgelegt hat.

Dann und wann kündigt sich in der Stimme des Propheten schon die Liebe an;

Vergißt wohl eine Frau das Kind, das sie nährt? Hört sie auf, den Sohn ihres Schoßes zu lieben? Und wenn sie es vergäße, ich vergesse dich nicht (Jes 49,15).

Aber auch die Stimme des Gesetzgebers läßt sich vernehmen:

Er läßt (den Sünder) nicht ungestraft; er verfolgt die Schuld der Väter an den Söhnen und Enkeln, an der dritten und vierten Generation (Ex 34,7).

Lest die Bücher Leviticus, Numeri und vor allem Deuteronomium, und ihr könnt euch selbst davon überzeugen, daß die *Furcht der Anfang der Weisheit ist.*

Aber in dieser Nacht und an diesem Ort denke ich nicht mehr an den Leviticus und nicht ans Deuteronomium. Ich bin hier in einem Stall bei Maria und vertiefe mich ins Evangelium, und das Evangelium sagt mir: *Maria gebar ihren Sohn, den Erstgeborenen* (Lk 2,7).

Der Gott jenseits aller Dinge und allen Begreifens ist Mensch geworden, die Furcht hat sich in linden Trost verwandelt, aus der Unzugänglichkeit wurde Umarmung.

Der Ferne ist nahe gekommen, Gott wurde Sohn.

Begreift ihr, wie umwälzend das ist?

Es hat sich ereignet, daß eine Frau in aller Wahrheit sagen konnte: „Mein Gott, mein Sohn."

Jetzt habe ich keine Angst mehr. Wenn Gott dieses kleine Kind ist, auf Stroh gebettet im Stall, macht mir Gott keine Angst mehr.

Und wenn ich neben Maria sitzend leise nachsprechen darf: „Mein Gott, mein Sohn", ist der Himmel in mein Haus eingetreten und hat mir den Frieden gebracht.

Vor meinem Vater kann ich mich fürchten, besonders wenn ich ihn noch nicht kenne, vor meinem Kind nicht.

Vor einem Kind nicht, das ich an mich drücke und streichle, ein Kind, das bei mir Schutz und Wärme sucht.

Ich habe keine Angst, jetzt nicht mehr. Der Friede, der alle Angst vertreibt, ist mit mir.

Mir bleibt nur die Anstrengung, den Glauben aufrechtzuerhalten. Glauben ist wie Zur-Welt-Bringen. Im Glauben bringe ich hier und heute Jesus zur Welt.

Maria machte es so. Freilich, um Jesus im Fleisch zur Welt zu bringen, genügten ihr neun Monate. Jesus im Glauben zur Welt zu bringen, dafür brauchte sie das ganze Leben von Bethlehem bis Golgotha.

Maria, ich glaube wie du, daß dieses Kind Gott ist und daß es dein Sohn ist, und ich bete ihn an.

Ich bete seine Gegenwart in der Kapsel an, die ich unter dem Mantel trage, wo er sich unter dem wehrlosen Zeichen des Brotes verbirgt, wehrloser noch als im Fleisch.

Dann und wann meine ich deine leise Stimme zu hören, Maria, wie du vor dich hinsagst wie in Bethlehem:

„Mein Gott, mein Sohn".

Und ich spreche es nach. Es ist der Rosenkranz von heute abend.

Alles ist wie damals.

Der Atem der Tiere erwärmt die Grotte wie damals.

Rahel weint um ihre Kinder (Matthäus 2,18)

Der Sandsturm legte sich, und Alì nahm seinen Stab und seine elf Schafe und suchte seine Weideplätze wieder auf. Ich blieb in Ouarourout, säuberte die Grotte vom Mist, und danach wärmte ich mir die Knochen an der Sonne.

Die Schafe waren fort und mit ihnen das Zeichen von Bethlehem. Ich fing an, mir Maria und Josef auf der Piste nach Süden vorzustellen, mit dem Jesuskind auf dem Arm.

Aber warum waren sie so schnell fortgegangen? Warum wagten sie sich auf eine so rauhe Piste, mit einem so zarten kleinen Kind? Ich las bei Matthäus:

Ein Engel des Herrn erschien dem Josef im Traum und sprach: „Steh auf, nimm das Kind und seine Mutter und flieh nach Ägypten; dort bleibe, bis ich dir etwas anderes auftrage; denn Herodes wird das Kind suchen, um es zu töten.“

„Da stand Josef in der Nacht auf und floh mit dem Kind und dessen Mutter nach Ägypten“ (2,13f).

Das Kind ist geboren, und schon beginnen die Scherereien. Es scheint unglaublich schwierig zu sein, auf dieser armseligen Erde zu leben!

So ist Jesus nun auf der erbarmungslosen Piste, und heute nacht findet er vielleicht keine Grotte, die ihn vor der Kälte schützt.

Matthäus fährt fort:

Als Herodes merkte, daß ihn die Sterndeuter getäuscht hatten, wurde er sehr zornig, und er ließ in Bethlehem und der ganzen Umgebung alle Knaben bis zum Alter von zwei Jahren töten, genau der Zeit entsprechend, die er von den Sterndeutern erfahren hatte.

Damals erfüllte sich, was durch den Propheten Jeremia gesagt worden ist:
„Ein Geschrei war in Rama zu hören,
lautes Weinen und Klagen:
Rahel weinte um ihre Kinder
und wollte sich nicht trösten lassen,
denn sie waren dahin“ (2,16–18).

Man sollte es nicht für möglich halten, daß jemand zu einer solchen Greueltat fähig ist. Das ist die Macht in ihrer schrankenlosen Anmaßung. Und die Kleinen, die Armen müssen bezahlen.

Um Jesus auf jeden Fall umzubringen, hatte Herodes einen der vielen Pogrome der Geschichte organisiert.

Ich male mir diese Nacht aus! Die Soldaten haben das Gebiet von Bethlehem umzingelt und im Finstern mit dem Gemetzel begonnen. Sie hatten das Verzeichnis der Neugeborenen, und es war nicht schwer, die Türen all der armen Leute einzuschlagen.

O das Wehgeschrei der armen Mütter in der Nacht!

O Grauen vor soviel unschuldigem Blut!

Warum? Warum diese Greuel?

Dabei hatte all das Entsetzliche zu nichts gedient, weil Jesus entkommen war. Das Netz hatte eine lose Masche, und der Kleine war entschlüpft wie „ein Vogel aus der Schlinge des Jägers", wie es in Psalm 124 heißt.

Wie hätte das schreckliche Ereignis verborgen bleiben können? Die Wüste hat ihre drahtlose Telegrafie, und die Nachrichten verbreiten sich mit Windeseile.

Ein Kamel lief Richtung Süden und holte die kleine Karawane ein, die Jesus bei sich hatte, und die Worte, die dem Reiter auf der Seele brennen, teilen sich wie Feuer mit.

Habt ihr es schon gehört? Herodes hat alle kleinen Kinder in Bethlehem töten lassen. Nicht eines ist entronnen. Es war grauenhaft. Sie sind bei Nacht gekommen, haben die Häuser umstellt.

Maria hört es schweigend an und preßt ihr Kind ans Herz, das zum Zerspringen klopft. Josef blickt Maria an, ein Schauer überläuft ihn.

Ich sagte es dir, mir war bange. Es war mir dort nicht mehr geheuer. Ich empfand, wir müßten fliehen, das Gefühl sagte es mir. Und dann … dieser Traum!

Der Kameltreiber spornt sein Reittier an, und die beiden Eheleute stehen wie gelähmt da. Jesus schaut schweigend ins Sonnenlicht.

Mein Gott, warum? Warum?

Was für eine Nacht!

Nachtschlund, bodenlos.

An Gott denken, wenn alles gutgeht, das ist leicht, an ihn denken in dieser Finsternis, wie denn?

Maria, sag du mir etwas.

Und Maria schweigt.

Es ist ihr, als treibe sich eine Schwertspitze in ihr Herz.

Die Worte des alten Simeon kommen ihr in den Sinn; damals im Tempel beim Reinigungsritus hatte er Jesus in die Arme genommen und gesagt:

Dieser ist dazu bestimmt, daß in Israel viele durch ihn zu Fall kommen und viele aufgerichtet werden, und er wird ein Zeichen sein, dem wi-

dersprochen wird... Dir selbst aber wird ein Schwert durch die Seele dringen (Lk 2,34f).

Sie hat mit einemmal viele kleine Gesichter vor Augen, die Gesichtchen der Kinder von Bethlehem, die sie kennt, Kinder desselben Davidstammes, die im selben Zeitraum wie ihr Sohn geboren wurden.

Die Schwertspitze dringt immer tiefer ein in ihr Mutterherz.

Warum diese Kinder und nicht er?

Warum hat der Allmächtige das Gemetzel zugelassen?

Warum hat er die Kleinen nicht verteidigt?

Warum hat er dem grausamen Herodes nicht den Weg verlegt durch den Tod? Warum nicht?

Auf soviel Schmerz – keine Antwort.

Maria kauert zu Boden gebeugt auf der trokkenen Piste.

Josef ist bis ins Mark wie ausgeleert.

Jesus, in ein paar Lappen gewickelt, betrachtet seltsam entrückt die Sonne, wie sie zwischen rötlichen Flammen untergeht.

Ja, an Gott glauben ist nicht leicht, auf sein ordnungschaffendes Eingreifen zu hoffen ist noch schwerer, die Menschen lieben, wenn sie Mörder sind, ist übermenschlich.

Was soll ich tun?

Morgen bricht ein neuer Tag an, und das Leben geht weiter.

Wie kann ich jetzt mit dir, Maria, dein jubilierendes Magnifikat beten, während meine Augen, wie die deinen, noch voll sind von den grausigen Bildern des von Herodes in Bethlehem verordneten Pogroms?

Und ausgerechnet seinetwegen, deines Sohnes wegen!

Wenn ich noch mit dir sagen kann: *Meine Seele preist die Größe des Herrn,* wie dann auch dieses: *Er stürzt die Mächtigen vom Thron und erhöht die Niedrigen.*

Wie kann ich das sagen?

Du bist vom Leid gebeugt, und Herodes sitzt auf seinem Thron.

Dein Herz ist voll Bitterkeit, und die Armen sind der Verachtung preisgegeben.

Die Macht, nicht du, beherrscht die Geschichte der Menschen.

Und doch ...

Und doch ist es nicht so! Wir können ebensogut sagen, daß gerade die Macht verhöhnt worden ist.

Hat denn der Gewalthaber sein Ziel erreicht,

Jesus zu töten? Was hat seine Gerissenheit ihm eingebracht? Die Umzingelung des Dorfes bei Nacht durch einen Haufen Soldaten?

Eine lose Masche hat genügt, und das ganze Fangnetz war umsonst ausgelegt. Gerade der Gesuchte war nicht drin.

Welch ein Hohn für die Machthaber! Wenn es wahr ist: *Er zerstreut, die im Herzen voll Hochmut sind* (Lk 1,51).

Und es *ist* wahr: der ganze Plan ging daneben.

Aber die anderen? Das Opfer von soviel Unschuldigen?

Gewiß, sie haben ihren Kampf gekämpft, ihre Mission erfüllt.

Das ist nicht nichts. Indem sie die Schläge auf sich zogen, haben sie verhindert, daß Christus auf der Flucht getroffen wurde; indem sie mit ihren zarten Körpern die Aufmerksamkeit der Soldaten festhielten, haben sie dem Messias Zeit gegeben, dem Gemetzel zu entfliehen; indem sie die Todesschergen damit beschäftigten, sie zu ermorden, haben sie Jesus gerettet.

Es war notwendig, daß Jesus in jener Nacht verschont blieb. Für die anderen war es notwendig, für ihn zu bezahlen.

Auf die Stunde des Todes kommt es nicht an. Nur darauf kommt es an, daß wir unsere Mission erfüllen.

Jesus wird seine Mission später auf Golgotha erfüllen, die unschuldigen Kinder haben sie in dieser Nacht erfüllt.

Die Mächtigen haben die Heilsgeschichte nicht zu Fall gebracht, sie haben es nur versucht, und sie wurden *zerstreut, die im Herzen voll Hochmut sind* (Lk 1,51).

Ja, Maria, sag auch heute abend dein Magnifikat auf der dürren Piste, sag es voll und ganz, sag es, weil dich auch heute abend der große Heilsplan Gottes einhüllt und niemand an dich rühren kann, wenn Gott es nicht will.

Sag es, sing es, weil niemand an deinen Jesus rühren kann, auch wenn er so klein und schwach ist.

Sag es, weil die Geschichte in der Hand Gottes liegt und nicht in der Hand der Menschen.

Und weil die Pharaonen einer nach dem anderen besiegt und die Armen befreit werden.

Darum sag es nur immer.

Auch ich will mit einstimmen.

Und ich bin sicher, daß derweil die kleinen Martyrer einer nach dem andern wie Engel heranschweben und dich umringen. Schon sind sie verklärt im Reich des Lichtes, weil sie mit dem Tod mehr als mit dem Wort die Ankunft des Retters bezeugt haben.

Wie gern wäre ich einer von ihnen!

Meine Seele preist die Größe des Herrn,
und mein Geist jubelt über Gott, meinen Retter.
Denn auf die Niedrigkeit seiner Magd hat er geschaut.
Siehe, von nun an preisen mich selig alle Geschlechter!
Denn der Mächtige hat Großes an mir getan,
und sein Name ist heilig.
Er erbarmt sich von Geschlecht zu Geschlecht
über alle, die ihn fürchten.
Er vollbringt mit seinem Arm machtvolle Taten;
er zerstreut, die im Herzen voll Hochmut sind;
er stürzt die Mächtigen vom Thron
und erhöht die Niedrigen.
Die Hungernden beschenkt er mit seinen Gaben
und läßt die Reichen leer ausgehen.
Er nimmt sich seines Knechtes Israel an
und denkt an sein Erbarmen,
das er unsern Vätern verheißen hat,
Abraham und seinen Nachkommen auf ewig
(Lk 1,46–55).

Die Piste nach Ägypten ist noch lang. Mut, Josef, ziehen wir weiter. Gott sorgt.

Nazareth

Ägypten war für mehrere Jahre unser Zufluchtsort. Es ist wirklich ein Ort, wo man sich gut verstecken kann, mit dem vielen Schilfrohr im Nil und den Wasserläufen, die den ersten Mose nicht verschlingen konnten.

Auch wir sind nicht verschlungen worden, ob wir auch Fremde waren, arme Leute ohne Beziehungen. Gott half uns jeden Tag aus der Not. Wir litten darunter, daß wir so fern von der Heimat leben mußten und so allein waren, aber es war notwendig, damit sich Gottes Plan erfüllen konnte.

Sollte es nicht so sein, daß Gott seinen Sohn wie einst den Mose aus Ägypten berufen würde? *Aus Ägypten rief ich meinen Sohn* (Hos 11,1).

Als die Stunde gekommen war, machten wir uns auf den Weg nach Norden. Unterdessen war Jesus gewachsen, war kräftig geworden. Und Herodes war gestorben.

Die Reise war lang, aber nicht schwierig.

Wir waren glücklich im Zusammensein

mit Jesus. Oft blickte er mit gesammelter Aufmerksamkeit in die Richtung, wo Jerusalem lag.

Josef hielt es für geraten, daß wir uns nicht zu sehr in die Nähe dieser Stadt begaben, obschon Herodes tot war. Wir konnten nicht vergessen, was sich dort vor einigen Jahren abgespielt hatte.

Jerusalem ist die verfänglichste aller Hauptstädte, zwei Mächte beherrschen es: die politische und die religiöse. Die Verhältnisse waren sehr undurchsichtig, und wir zogen es vor, uns herauszuhalten.

So ließen wir uns in Nazareth in Galiläa nieder, wo man sich freier bewegte und wo ich, Maria, als junges Mädchen gelebt hatte. Josef wäre lieber nach Bethlehem gezogen, in das Gebiet seines Stammes, aber es fiel ihm nicht schwer, sich in Nazareth zurechtzufinden, zumal er ein tüchtiger Handwerker war.

Er machte eine Werkstatt auf, und wir verlebten glückliche Jahre.

Jesus *wuchs heran und wurde kräftig; Gott erfüllte (das Kind) mit Weisheit, und seine Gnade ruhte auf ihm* (Lk 2,40).

Nie konnte ich ihn einfach als meinen Sohn anschauen. Ich konnte es nicht, und ein wenig litt ich darunter.

Nach und nach habe ich begriffen, daß dies

mein Auftrag war und daß es keinen anderen Weg gab; gleichwohl litt ich darunter.

Das Geheimnis seiner Geburt überlief mich immer, der Gedanke, daß Jesus der Sohn Gottes war, nötigte mich, über mich selber hinauszugehen und in den Glauben einzutreten.

Das war immer auch schmerzlich.

Es war, wie wenn ich dem Geheimnis meines Sohnes nie auf den Grund kommen würde.

Ich hatte ihn ein für allemal im Fleisch geboren, aber nicht ein für allemal im Glauben, das mußte immerfort weitergehen, bis zum Ende.

Dann trug sich etwas zu, was sich in mein Leben tief einprägte und woran ich oft anknüpfen mußte, um die Dinge zu verstehen.

Jedes Jahr pflegten wir anläßlich des Osterfestes nach Jerusalem zu pilgern, und als Jesus zwölf Jahre alt war, nahmen wir ihn mit.

Was für ein Rummel, so ein Pilgerzug! Aber auch wieviel Freude und Leben! Es schien, als überziehe der Frühling alles, und die Kinder waren wie losgelassen.

In Jerusalem geschah etwas, was einen neuen Zug in meine Beziehungen zu Jesus brachte.

Während wir uns schon auf den Heimweg begaben, *blieb der junge Jesus in Jerusalem, ohne daß wir es merkten* (Lk 2,43).

In der Meinung, er sei irgendwo in der Pilger-

gruppe, reisten wir eine Tagesstrecke weit, aber dann...

Es war keine angenehme Überraschung. Zum erstenmal hatten wir den Kontakt mit ihm verloren. Wir kehrten sofort um, und gingen voll Angst und Schrecken auf die Suche nach ihm in Jerusalem.

Was konnte passiert sein?

Ich zweifelte keinen Augenblick daran, daß er aus freien Stücken sich uns entzogen hatte. Aber ich konnte es in keinen sinnvollen Zusammenhang bringen, und Josef war genauso bestürzt wie ich.

Es war, als habe sich jählings das Geheimnis, das sein Wesen umgab, verdichtet und als sei es für ihn notwendig, sich von uns zurückzuziehen.

Wieder spürte ich das Schwert in mein Herz dringen, von dem Simeon gesprochen hatte. Wir suchten ihn angstvoll in Jerusalem, wie jeder Vater und jede Mutter es getan hätten, aber ich fühlte, daß etwas anderes vor sich ging.

Es war unmöglich, daß Jesus sich wie irgendein anderer Junge betrug. Wenn er so gehandelt hatte, war es, um uns etwas Neues mitzuteilen. Sein Verschwinden hing mit dem Glaubensweg zusammen, den wir zusammen gingen.

Es war nun soweit: wir mußten die Erfahrung machen, daß unsere Mutterschaft und Vaterschaft nur in einer untergeordneten Beziehung zu seiner Freiheit standen. In Jesus wuchs das Bewußtsein, *Gottes Sohn* (Mt 4,3) zu sein und danach erst unser Sohn. Denn als wir ihn im Tempel fanden, sagte er einfach: *Wußtet ihr nicht, daß ich in dem sein muß, was meinem Vater gehört?* (Lk 2,49)

Wohl war das die Wahrheit, aber eine, die das Schwert noch tiefer in mein Herz hineintrieb. Ich sah, daß er seinen eigenen Weg suchte und daß ich ihn freigeben mußte. Das war mir ein großes Leid.

Ich muß in jenen drei Tagen, als wir ihn suchten, etwas vorausgefühlt haben von den drei furchtbaren Tagen seiner Abwesenheit im Tode.

Er wollte frei sein mit mir, um mit allen zu sein.

Er wollte frei sein von mir, um für alle zu sterben.

Wir kehrten nach Nazareth zurück, und die Tage nahmen wieder ihren gewohnten Lauf. Dennoch merkte ich, daß sich vieles geändert hatte und daß für mich ein neuer Lebensabschnitt begann.

Der Glaube läuterte sich mehr und mehr, und öfters kam es mir vor, als leuchte etwas vom Geist Gottes aus dem Gesicht meines Sohnes.

Die Versuchung der Mütter, ihre Kinder besitzen zu wollen, war mir kräftig ausgetrieben worden. „Versteht ihr nicht... wißt ihr nicht... daß ich mich um die Sache meines Vaters kümmern muß?“ Immer tönte mir das in den Ohren.

Nein... ich wußte nicht... und so verstand ich auch nicht. Tatsächlich sagt das Lukasevangelium von mir – und auch von Josef: ... *sie verstanden nicht, was er damit sagen wollte* (2, 50).

Es ist nicht leicht, unsere Grundgefühle für das unendliche Licht offenzuhalten, das Gott uns erspähen ließ.

Es ist ein Weg... ein Lernvorgang... auf dem Weg wird man müde... und man möchte haltmachen.

Als junge Mutter war ich geneigt, diesen Sohn für ganz allein den meinigen zu halten. Ich mußte es lernen und hinnehmen, daß er allen gehörte, allen!

Nach der Heimkehr von der Pilgerfahrt ging mir immer wieder die Geschichte von Abraham durch den Kopf; ich sah den Berg Moria vor mir, wo Abraham auf Gottes Geheiß seinen Sohn Isaak opfern sollte.

Einen Sohn opfern, den einzigen!

Noch etwas habe ich von Jesus gelernt in jener Zeit, die ich mit ihm in Nazareth verbrachte: die göttliche Erfülltheit der gewöhnlichen Dinge zu entdecken.

Wenn Gott mit mir war, in meinem Haus, mit meinen Sachen, dann war alles von göttlichem Wesen gezeichnet. Himmel und Erde gingen ineinander über.

Wo war der Eingang ins Gottesreich, wenn Jesus schon bei mir war? Ich war schon im Reich Gottes, ich mußte es mir nur bewußtmachen. Sagte er selbst doch immer wieder: *Das Reich Gottes ist mitten unter euch* (Lk 17,21). Daran muß man denken, um den irdischen Dingen ihren rechten Wert zu geben.

Gewöhnlich meinen die Menschen: Arbeit, Brot, Alltagskram seien leer von Gott, seien weltlich, neutral.

Aber so ist es nicht. Wenn Jesus in deiner Arbeit gegenwärtig ist, dann ist deine Arbeit geheiligt. Wenn Gott in deiner Pflichterfüllung lebt, dann ist deine Pflichterfüllung Gebet, wenn in deinem Haus Jesus wohnt, dann ist dein Haus eine Kirche.

Wenn du das einmal begriffen hast, daß die Grenze des Unsichtbaren durch den Glauben verläuft und nicht durch die Wirklichkeit, dann bist du ein großes Stück weiter.

Nach der Menschwerdung ist die Wirklichkeit göttlich geworden, weil Jesus in sie eintrat, und wenn du das Wirkliche anrührst, rührst du an das Göttliche.

Wenn das Wort Fleisch geworden ist, dann ist alles Fleisch Wort geworden, das ganze Universum spricht von Gott.

Das Sichtbare des Universums ist Zeichen des Wortes, und das Unsichtbare darin ist der Geist.

Nein, die Menschen können sich diesem Winken und Drängen des nun von Gott umkleideten und bewohnten Wirklichen unmöglich entziehen.

Du verstehst jetzt, wie wichtig Glaube, Hoffnung und Liebe sind, die dich über die Grenze des Sichtbaren tragen.

Das Wirkliche ist Gottes Umgebung. Nazareth war für mich Gottes Umgebung, weil es meine Wirklichkeit war.

Aber ich durfte mich dieser von Gott bewohnten Wirklichkeit nicht bemächtigen.

Das ist eine fast unwiderstehliche und meist raffiniert getarnte Versuchung für die Menschen: sich der Dinge zu bemächtigen. Dann aber beraubt man sie ihrer Transparenz, ihrer Freiheit, ihrer Identität.

Bemächtigst du dich der Schöpfung, so machst du sie deinen Zwecken dienstbar und wirst schließlich selbst ihr Sklave.

Jegliches hat seine Berufung, und die Freiheit ist das Kreuz jeder Berufung.

Ich hatte meinen Sohn Jesus, aber mein Sohn Jesus war vollkommen frei, und unsere Liebe mußte zum gegenseitigen Freigeben reifen.

Die Liebe ist immer in Gefahr, sich festzuklammern, und wir sind doch zur Freiheit berufen.

Nazareth war für mich die Schule der Freiheit, und Jesus lebte sie mir vor: Freiheit vom Geld, Freiheit von Götzen, Freiheit von der öffentlichen Meinung, Freiheit von Angst, Freiheit von allem.

Wir empfanden in unserem kleinen Haus, daß alles uns gehörte, aber wir gehörten Jesus, und Jesus gehörte Gott.

So gingen wir unseren Weg durch die Jahre von Nazareth, und Jesus half mir durch seine Gegenwart und seine Liebe. Wir vertrauten einander.

Er ging mir voran, und ich fühlte mich immer kleiner hinter ihm zurückbleiben.

Seine Schweigsamkeit wunderte mich oft, und meine Hoffnung mußte sich an den Wartestand gewöhnen. Ich konnte nicht verstehen, warum sein eigentlicher Auftrag sich noch nicht zeigte, und jeder neue Tag entfachte mein Verlangen danach.

Wenn er mir Abschnitte aus der Schrift auswendig vorsprach, erzitterte ich manchmal und mein Herz wurde weit.

Ich liebte Jesaja sehr, und mir schien, daß Jesus sich am meisten zu den Liedern vom Gottesknecht hingezogen fühlte. Ich merkte, daß er sich in sie hineinversetzte, sich darin erkannte als den vorausgesagten Knecht Jahwes.

In jenen Stunden nahm sein Wesen eine leuchtende Innigkeit an, und er fügte Sätze zusammen, die ich später in seiner Bergpredigt wiedererkannte.

Selig die Armen.

Selig die Trauernden.

Selig die Verfolgten.

Nazareth war eine wunderbare Zeit für mich. Als er ein kleines Kind war, durfte ich ihn mütterlich umhegen, und das war beglückend; nun aber durfte ich sein Leben mit ihm teilen, das Leben eines Erwachsenen.

Bei all meiner Gespanntheit auf seinen Auftrag wünschte ich doch nichts anderes, als immer bei ihm zu sein.

Ich war unwissend, aber er selber wurde

meine Weisheit. Der Gang in die Synagoge war mir kein Bedürfnis mehr, weil sein Wort mir genügte.

Denke ich an jene Zeit, fühle ich noch immer ihren Zauber. Mir war, als bete ich immerfort, als sei ich immer im Gebet. Was ist schon das Gebet anderes, als „bei Gott zu sein"? Und ich war es, tagein, tagaus.

Auch er lebte so, das sah man.

Er war die vollkommene Einheit dessen, was er dachte und was er tat. Er ruhte in sich und gehorchte zugleich einer Wirklichkeit, die tief in seinem Innern wohnte.

Er war nicht allein.

„Du in mir und ich in dir" (vgl. Joh 17,21), hörte ich ihn manchmal flüstern, und ich fühlte ein Einswerden ohnegleichen.

Ich wußte, er sprach vom Vater.

Tut, was er euch sagen wird

Wenn wir ihn fragten, ob die Stunde gekommen sei, schwieg er. Es war, als könne er selbst nichts anderes tun als warten.

Jenen von Markus überlieferten Satz (13,32), daß *jenen Tag und jene Stunde niemand kennt, auch nicht die Engel im Himmel, nicht einmal der Sohn, sondern nur der Vater,* habe ich oft aus dem Munde meines Sohnes gehört.

Er lebte in Erwartung wie wir alle. Er schrieb sich nichts selbst zu, sondern erwartete alles vom Vater. Auf ihn allein verließ er sich.

Indes spürten wir, daß die Dinge heranreiften.

Jesus hatte in Kapharnaum, wohin er bisweilen hinunterging, die ersten Freunde gewonnen. In Nazareth war er isoliert, und ich konnte mir gut vorstellen, daß Kapharnaum seine erste Station sein würde, wenn er einmal hinauszog.

Eines Tages sagte er zu mir, er wolle mich mit seinen ersten Gefährten bekannt machen. Er wartete nur eine Gelegenheit ab, und die bot sich wie von selbst.

In Kana in Galiläa sollte eine Hochzeit stattfinden, zu der ich eingeladen war, und auch er war eingeladen worden. Die Gelegenheit erschien ihm günstig für eine erste Begegnung. Er stieg erst nach Kapharnaum hinunter und rief seine Freunde zusammen. Kana lag auf demselben Weg, und dort trafen wir uns, um an der Hochzeitsfeier teilzunehmen.

Ich wunderte mich, daß es so viele waren, die Jesus mitbrachte. Die Schenke wurde zum Brechen voll. Was blieb den Gastgebern anderes übrig, als gute Miene zu machen. Ich fand ein solches Gefolge etwas übertrieben in Anbetracht der recht kleinen und bescheidenen Familie, die uns eingeladen hatte. Bei dem Lärm konnte ich kein Wort mehr verstehen von den Gesprächen, die geführt wurden.

Die Hochzeit war nur ein Anlaß, den die Gefährten Jesu ergriffen, um über den Messias und sein Reich zu diskutieren.

Es herrschte eine erregte Hochstimmung, und der Wein half mit, die Wogen immer höher schlagen zu lassen. Es sah aus, als wollten sie zum Sturm gegen die alten Bastionen blasen. Die Augen der Männer, die um Jesus herumwaren, funkelten.

Jesus war nun der Anführer.

Das erste, was bei so vielen feuchtfröhlichen

und festlich erhitzten Leuten ausging, war natürlich der Wein. Mir fiel plötzlich eine Besorgnis in den Gesichtern der Brautleute auf, aber sie behielten ihr Lächeln, unterredeten sich indes in einer nicht ganz zu verbergenden Spannung mit dem Speisemeister, der ein Verwandter von uns war. Tatsächlich war kein Wein mehr da. Ich fühlte mich zum erstenmal im Leben von derselben Begeisterung wie die Jünger durchströmt. Himmel und Erde begegneten sich in diesem kleinen Hof von Kana, wo die Hochzeit der Freunde gefeiert wurde.

Nein, es würde an Wein nicht fehlen, denn unter uns war einer, der uns den Wein des Gottesreiches geben würde. Mit ihm konnten wir alles erwarten. Die Jubelschreie, die Gesänge, die freudigen Reden stiegen himmelhoch.

Ich näherte mich Jesus mit klopfendem Herzen, ich ergriff ihn am Arm und sagte: *Sie haben keinen Wein mehr* (Joh 2, 3). Jesus sah mich mit einer gewissen Härte an, und mir schien für einen Moment, als verschließe er sich. Aber ich war so von Hoffnung beschwingt, daß mir das Abweisende in seinem Blick und in seinen Worten nichts ausmachte. Ich wollte ihm keinen Ausweg lassen. Ich war dessen, was ich sagte, ganz sicher, ich glühte von Zuversicht.

Zu den Knechten sagte ich mit Bestimmtheit: *Was er euch sagt, das tut* (Joh 2,5).

Dann suchte ich mich in der Menge zu verstecken, wo niemand mich bemerkte, und ich begann mit aller Kraft zu beten:

„Alles ist Gott möglich".

„Bei Gott ist kein Ding unmöglich".

Immer kamen mir diese Worte, die ich vom Engel des Herrn einst vernommen hatte, als er mir die Ankunft Jesu ankündigte.

Ja, Gott ist alles möglich.

Es wurde ein unvergeßlicher Tag, und die Freude riß alle mit.

Dieser Wein wirbelte alle empor. Ja, Gott war alles möglich, und dieser Strom von Wein, der kein Ende zu nehmen schien, war das Zeichen der Freude, die uns bei der Begegnung mit Gott überkommt, Zeichen des Jubels in seiner Umarmung.

Sie jauchzten, tanzten: die Hochzeitsfeier unserer Freunde war zum Zeichen einer anderen viel tieferen und freudigeren Vereinigung geworden: der Vereinigung des Menschen mit Gott.

Johannes hat recht gehabt, der Kirche in seinem Evangelium gleich einmal Jesus in Kana vorzustellen, auf einem Fest. Denn die Begegnung mit Gott ist ein Fest.

Später haben wir eine andere Art von Begeisterung erlebt, das war an Pfingsten, aber schon hier in dem kleinen Hof in Kana am Hang des Tabor waren wir glücklich, weil Gott mit uns war.

Israels Einsamkeit war zu Ende, Israel war nicht mehr verlassen.

In Kana waren Petrus, Johannes und Jakobus. Dann waren hier Andreas, der Bruder von Simon Petrus, Philippus von Betsaida, Natanael, der schlecht von Nazareth sprach, aber jedes Wort von Jesus begierig einsog, und viele andere.

Nach dem Vorfall mit dem Wein ließ ich mich nicht mehr blicken. Gewiß freute ich mich noch immer darüber, aber ich hatte doch das Gefühl, fast zu weit gegangen zu sein, und ich sah nun meine Aufgabe darin, im Schatten zu stehen. Ich wollte Jesus mit meiner Anwesenheit nicht hinderlich sein und nahm mir fest vor, mich künftig verborgen zu halten und zu schweigen.

Die Zwölf standen nun im Vordergrund, und es fehlte auch nicht an solchen, die sich vordrängten, um von Jesus bemerkt zu werden.

Mir war klar, daß es keine einfache Aufgabe bedeutete, einen Haufen von so verschieden gearteten Menschen zusammenzuhalten, und wenn man damals auch von allen den Eindruck hatte, daß sie *an ihn glaubten* (Joh 2,11), fehlte es sicher nicht an dunklen und lastenden Tagen.

Vor allem wäre es schwierig gewesen, alle davon zu überzeugen, daß jene Art Wein, die sie getrunken hatten, auf das Mysterium der Kirche und des Apostolats hinwies und daß es darauf ankam, zu wissen: diesen Wein konnte nur Jesus geben.

Jesus war der einzige, denn er war Gottes Sohn. Er allein konnte dir den Wein des Reiches Gottes in den Becher einschenken.

An uns, den Knechten, an uns allen ist es, die Krüge herzurichten, sie mit Wasser zu füllen und zu warten und vielleicht zu mischen.

Aber das Geheimnis dieses Weines ist Gott selbst.

Schon damals ahnte ich, daß in der Kirche die ewige Versuchung umgehen würde, sich anzumaßen, jenen Wein selbst geben zu können, ohne ihn von Jesus zu erwarten.

Aber das würde ein Wein werden, der niemand überzeugen könnte. Die Menschen können den Wein von ihren Weinbergen ausschenken, aber nicht den Wein vom Reich Gottes.

Die Kirche war angewiesen, kontemplativ zu sein; und wenn sie diese Grundhaltung vergäße, alles von Gott zu erwarten wie jenen Wein, würde sie ein großer Laden sein, wo allerhand verkauft wird, aber sicherlich nicht das Göttliche.

Ich nahm mir vor, jederzeit alle an die Notwendigkeit zu erinnern, so zu handeln, als hinge alles von uns ab, aber zu warten und zu beten, als hinge alles von Gott ab; denn das Himmelreich ist von Gott, nicht von uns, auch wenn es aussieht, als verwirkliche es sich durch uns.

Was ich außerdem an jenem Tag in Kana lernte, ist die Freude.

Wenn du den Wein trinkst, der von Gott ist, bist du in der Freude. Damit ist nicht gesagt, daß diese Freude immer leicht ist und von Schmerz und Tränen ledig, aber sie ist Freude.

Es kann dir geschehen, daß du den Wein des Willens Gottes in Bitterkeit und von Widersprüchen geschlagen trinken mußt, dennoch empfindest du die Freude.

Gott ist Freude, auch wenn du verfolgt wirst.

Gott ist Freude, auch wenn du stirbst.

Gott ist immer Freude, denn er kann das Wasser unserer Not in den Wein der Auferstehung verwandeln.

Nichts widersteht dieser verwandelnden Kraft, dieser unerschöpflichen Fähigkeit, die

Dinge neu zu machen, den Himmel neu, die Erde neu.

Wir brauchen nur zu glauben, zu hoffen und zu lieben, und das Wunder vollzieht sich immer.

Und unsere Freude, das ist unsere Antwort, unser Dank.

Ja, der Jünger Jesu
muß in der Freude leben,
muß Freude verbreiten,
muß trunken von Freude sein.
Das wird immer sein wahres Apostolat sein.

Noch etwas machte mir dieser Wein bewußt, den Jesus in solchem Überfluß geschenkt hatte: die Verfassung des Volkes Gottes gründet auf unbedingter Gleichheit.

Der Wein des Reiches Gottes wurde von allen ohne Unterschied getrunken, erfreute alle, war für alle umsonst und geschenkt. Der letzte konnte schöpfen wie der erste, die göttliche Wirklichkeit teilte sich allen mit, die Prophetengabe allen, die Heiligkeit allen, das Priestertum allen.

Jetzt verstand ich, was Jesus meinte, als er mit mir vom Reich Gottes sprach, und daß alle Erlösten ein Volk von Heiligen, von Propheten, von Priestern sein würden.

Die sozialen Kasten mit ihrem uneingestandenen Hochmut waren dahin, niemand wurde mehr ausgeschlossen, die Armen tranken am selben Tisch wie die Reichen.

Die Kirche, die von jenem Wein fröhlich wurde, war eine universale Kirche: da gab es *nicht mehr Mann noch Frau, noch Grieche, noch Skythe.*

Jeder konnte prophetisch künden, da der Geist dieses Weines ihn durchströmte.

Jeder mußte heilig sein, da jener heilig war, der seinen Durst gestillt hatte.

Das Leben und das Leid

Kaum hatte Jesus sein öffentliches Leben begonnen, so begannen auch schon die Widerstände, kaum sprach er vom Leben, das er bringen wolle, kam auch schon das Leid auf ihn zu.

Beides hing zusammen. Man kann nicht Leben schenken, ohne aus dem Becher des Leids zu trinken. Die Geburt ist immer schmerzlich.

Die Behörden waren ihm von Anfang an abhold. Er war ihrer Art so fern, seine Gedanken gingen nicht auf ihren Bahnen. Aber man ließ ihn machen, man nahm ihn nicht ernst und behandelte ihn wie irgendeinen Provinzpropheten, dessen Karriere von kurzer Dauer sein würde.

Zudem hatte Jesus eine Vorliebe für Themen, denen die Großen nichts abgewinnen konnten: die Sache der Sünder beispielsweise. Jesus wollte allen klarmachen, daß er um ihretwillen gekommen war und daß er zu ihnen hielt, ihnen nahe sein wollte.

So begab er sich doch wahrhaftig zum Jordan, wo der Täufer war, und bestand darauf, sich von ihm taufen zu lassen wie ein öffentlicher Sünder, er, Jesus, der Sündenlose. Johannes der Täufer weigerte sich erst, aber er mußte nachgeben.

Jesus stieg wirklich in die Tiefen hinunter, wo die Armut zu Hause ist und die Niederlage, die sich immer wiederholt.

Die Sünder fühlten, daß er sie annahm, und wurden rasch seine Freunde.

Jesus war nicht so hart wie Johannes und sprach nie von der Axt, die an den Fuß des Baumes gelegt sei. Er jagte den Kleinen keinen Schrecken ein. Abgestempelt als Freund der Prostituierten und der Zöllner, hatte Jesus bei den Amtspersonen, besonders den religiösen, keine Chance mehr.

Die Schikanen blieben nicht aus.

Allen voran regten sich die Pharisäer auf, die als die Reinen, Rechtgläubigen, Frommen galten. Sie ließen keine Gelegenheit aus, Jesus auf seinem eigenen Terrain anzugreifen.

Die Pharisäer gründeten die Vollkommenheit Israels auf die Gesetzerfüllung und fanden die Gesinnung der Toleranz und des Mitleids, von der Jesus beseelt war, unerträglich; sie hielten sie für Schwäche. Aber Jesus ließ sich nicht beirren, und so scharten sich immer mehr arme Leute um ihn. In seiner Predigt verlegte er den Akzent vom

Gesetz auf die Liebe, von der Strafe auf die Barmherzigkeit, von der Strenge auf das Verstehen.

Daß der Mensch sündig sei, davon waren alle mehr oder weniger überzeugt. Das Neue bei Jesus war, daß er es vermochte, die Sünder zu lieben. Das war wie ein Schock für Israel, das gewohnt war, den Sünder zu verfluchen und ihn aus der heiligen Stadt auszurotten.

Es war deutlich, daß Jesus nicht die Achtung vor dem Menschen verlor, der in Sünde war, sondern ihm offen seine Liebe, ja seine Vorliebe bekundete.

Es war wirklich ein Ärgernis für die Juden, zu sehr standen die Gesetzeslehrer und Befolger sämtlicher Vorschriften der Tora bei ihnen in Ehren.

Einer Ehebrecherin noch zu vertrauen und von einem Zöllner noch etwas Gutes zu erwarten, das hieß stracks gegen den Strom schwimmen.

Und das tat Jesus.

Denkwürdig war die Bekehrung des Zöllners Zachäus. Dieser reiche Mann, der aus unredlichen Geschäften Gewinn gezogen hatte, der für die Hüter der Moral nicht mehr gesellschaftsfähig war – als der sich von Jesus geachtet sah, er, der öffentliche Sünder, würdig befunden, mit ihm am selben Tisch zu sitzen..., da wußte er sich nicht mehr zu fassen.

Jesus sagte es nicht nur dieses Mal: *Der Menschensohn ist gekommen, um zu suchen und zu retten, was verloren ist* (Lk 19,10).

Ja, wer sich verloren fühlte, klammerte sich an Jesus.

Schaute man sich die Menschenmenge an, die ihm folgte, bekam man wirklich den Eindruck, daß nur die Sünder ihn verstehen konnten. Genauer, daß nur diejenigen ihn verstanden, denen es bewußt geworden war, daß sie Sünder waren. Sie hatten in ihrer Sünde die wahre, bodenlose Armut des Menschen erkannt. Die wahren Armen waren sie, und sie hatten Jesus nötig, um gerettet zu werden.

Die Grenze Israels war nicht mehr ein Stück zu eroberndes Land, sondern die Heiligkeit des Lebens.

Die Feinde Israels waren nicht mehr die Kanaaniter oder die Philister, sondern der eigene Stolz, der eigene Egoismus, die eigene Angst.

Der ganze Exodus war nun zum Zeichen geworden für einen anderen Exodus von wahrhaft universaler Tragweite, der alle Menschen der Erde umfaßte; und das Land der Verheißung war nun die Freiheit, die der Sohn Gottes selbst verkündigte: die Freiheit der Kinder Gottes.

Die gefährlichsten Prüfungen hatte Jesus in Jerusalem zu bestehen. Es war die Stadt, die ihn am meisten anzog und die er am meisten fürchtete. In Galiläa war er wie zu Hause, und solange die armen Leute ihn umgaben, fühlte er sich wohl. Doch wenn er durch die Straßen Jerusalems ging und über den Mauern die Gesichter der Mächtigen und die Späher der Großen auftauchten, dann litt er.

Alles übrige war problemlos; das Problem war Jerusalem.

Der Zusammenstoß würde hier stattfinden: das war allen klar, und hätten wir zu entscheiden gehabt, wir wären nie nach Jerusalem zurückgekehrt.

Aber er...

Es muß sein... Und er ging wieder hin.

Wieder nach Jerusalem.

Eines Tages hatte ich deutlich das Gefühl, es handle sich im Grunde um ein politisches Problem und alles übrige sei Tarnung.

In der Umgebung Jesu waren solche, die an die Macht wollten. Sie wollten die Niederlage nicht annehmen. Ihnen schwebte ein sieghafter Messias vor: es störte sie, was Jesus in der Bergpredigt lehrte: die Seligpreisungen, die Gewaltlosigkeit.

Die Unzufriedenen waren in der Überzahl. Jesus hätte sich ihnen nicht erklären können, sie wären über ihn hergefallen.

Es ist traurig, aber wahr: Israel vermochte nicht, das Gesicht seines Messias, seines Christus, das Gesicht des leidenden Gottesknechtes zu erkennen.

Sie wollten einen andern.

Mit Jesus waren sie nicht zufrieden, sie wollten einen Sieger. Die politische Situation der Römerherrschaft diente als Rechtfertigung ihres nationalistischen Befreiungswillens.

Wenn Mose das Volk für sich eingenommen hatte, um es zu befreien, so mußte der neue Mose ebenso vorgehen und gegen die Römer ziehen.

Jesus äußerte sich nicht zur politischen Frage, er suchte sich verborgen zu halten, doch den Seinen gab er deutlich zu verstehen, daß jetzt die Befreiung in der Tiefe des Menschen zu vollziehen sei.

Der große von Mose angeführte Exodus, der Auszug aus Ägypten, dem Herrschaftsbereich des Pharao, war nur das Stichwort für einen unaufhörlichen Exodus, den aus uns selbst, aus unserer Knechtschaft, er war das Vorspiel unserer Befreiung vom Pharao, der in jedem von uns sitzt.

Jesus war jetzt der Mose für jeden Menschen auf der Erde, der wahre Befreier, der den geknechteten Menschen zum Geist Gottes befreit; das Vorschieben der politischen Frage hingegen war ein Rückzug ins Getto.

Die Erlösung, die Jesus anbot, war universal; sie umfaßte die Befreiung vom Tod.

Israel wollte ein solches Angebot nicht annehmen, es erkannte das Gesicht Christi nicht.

Was für ein Leid für Jesus und auch für mich!

Selbst von den Aposteln waren nicht alle bereit, den in den Seligpreisungen vorgezeichneten Weg zu bejahen. Auch in der nächsten Umgebung Jesu gab es Zeloten, Partisanen, die an die Waffen glaubten, an die Macht, an den triumphierenden Christus.

Das blieb so bis zum Ende.

Wie fern waren die Menschen von dem, was Jesus über die Wirklichkeit, über das Leben, über Gott zu offenbaren hatte.

Vor allem über Gott.

In ihren Köpfen glich Gott dem diensttuenden Zuchtmeister, der eifersüchtig über seine Vorrechte wacht und von der Welt erwartet, daß alles am Schnürchen geht wie in einer Erziehungsanstalt. Solchen Leuten ging die Moral über alles, und wenn sie sich für etwas entflammen konnten, dann für die Vollkommenheit des Gesetzes und für die Bestrafung der Sünder. Wenn es nach ihnen ginge, bliebe einem von dem ungehorsamen, sündigen Menschen verschmähten Gott nur die grimmige Freude, eine Hölle zu bauen und den Abtrünnigen hineinzustecken.

Der kleinliche Mensch machte sich einen kleinlichen Gott, der nichts versteht von Neuschaffen und Heilbringen.

Wie fern war das Denken Jesu von dem peinlichen Moralismus des Tempels. Und wie eng war die Auffassung der Menschen von Gottes wahrem Wesen.

In Jesus gab Gott sich zu erkennen.

Auf der Erde brach der Himmel aus! Das Licht war so blendend hell, daß alle die Augen bedekken mußten.

Selbst den Satan drehte es beim Anblick dieses Flammenblitzes, und er erholte sich nicht mehr von diesem Schreck.

Was war das für eine Offenbarung? Es war die Offenbarung eines Gottes, der sich arm, leidend, geschlagen gibt.

Der Mensch, der auf das Donnern vom Himmel und das Krachen der Strafgerichte eingestellt war, sah sich Jesus gegenüber, der tot am Kreuze hing. Von allen Gesichtern des Messias, die sich der Mensch im Gebet vorzustellen versuchte, war keines so treffend wie das von Jesaja erahnte: das Gesicht des leidenden Gottesknechtes.

Er war die Liebe, die sich Armut und Schmerz zu eigen gemacht hatte, um den in Armut und Schmerz gefallenen Menschen zu retten.

Er war die Liebe, die sich mit dem Geliebten, dem Menschen, solidarisch machte und ohne Zögern bis zum Grund seines sündigen Daseins hinabstieg, um ihn zu erlösen.

Der Tod war für Jesus die zum Äußersten getriebene Armut.

Der Sohn Gottes hatte den Weg der Armut gewählt, um den Menschen zu retten, aber im Augenblick seines Todes gab er sich einer Armut preis, die nicht mehr zu überbieten war.

Als Jesus die letzte Tiefe dieses finsteren und schmerzvollen Abgrunds erreicht hatte, da hatte er auch alle Menschen erreicht, die der Vater zu seinen Söhnen ausersehen hatte, die aber von ihm fort in die Irre gegangen waren.

Als Jesus in das Chaos der Widersprüche des verlorenen und enttäuschten Menschen eingetreten war, machte er sich solidarisch mit den verlorenen Geschöpfen und gab selbst der Sünde eine Heilsbedeutung.

Das Feuer der Liebe, das die „Nicht-Liebe“ umfing, hatte die Kraft, das eisige Nein aufzuschmelzen. Die Auswanderung des verlorenen

Sohnes nahm einen Wert an, weil sie die Tiefen der Barmherzigkeit des Vaters enthüllte.

Die Liebe hatte gesiegt, der Mensch war gerettet.

Die Freiheit war wieder auf Erden eingekehrt.

Es ist eine große Anstrengung, Menschen zu lieben, die sich der Liebe verweigern. Den Tod aus solcher Liebe anzunehmen ist die höchste Bewährung.

Jesus nachahmen heißt ebenso bedingungslos zu lieben versuchen.

Aber der wahre Tod ist nicht der physische; der ist allenfalls das Zeichen, er ist die furchtbare, sichtbare, fühlbare Darstellung des wahren Todes: nämlich der *Trennung* von Gott. Diese Trennung ist unerträglich. Sie ist Tod, der den Menschen vernichtet durch Nichtglauben, Nichthoffen, Nichtlieben. Wer diesen Tod kennt, und alle Menschen kennen ihn, weil er alle Welt durchtränkt, weiß, was Schmerz und Traurigkeit sind.

Der wahre Tod ist das Chaos, in dem sich der Mensch verliert, der den Vater verkennt; das Knäuel seiner Leidenschaften, darin er steckt und erstickt; der endgültige Zusammenbruch all seiner Träume von Größe; die Zersetzung seines

Wesens. Der wahre Tod ist die Hohlheit, das Dunkel, die Angst, die Verzweiflung, der Haß, die Zerstörung.

Christus hat diesen Tod gekostet, er wollte allen nahe sein, die von Gott getrennt waren, und sie retten.

Als er in die Tiefe ihrer Verzweiflung hinabgestiegen war, verkündigte er ihnen die Hoffnung durch seine Auferstehung.

Als er in ihre Finsternis eingedrungen war, entfachte er das Licht der Wahrheit durch seine Auferstehung.

Als er den Abgrund ihrer Liebesunfähigkeit ausgemessen hatte, teilte er mit ihnen die unendliche Freude der Liebe durch seine Auferstehung.

Indem Christus vom Tod erstand, machte er alles neu, erschloß er die Tore zu neuen Himmeln, neuem Leben.

Eine triumphierende Kirche auf dieser Erde – wer davon träumt, ist auf dem falschen Weg, er fällt in die Vergangenheit zurück oder in eine infantile Auffassung von Gott und vom Menschen.

Die wahre Kirche ist die Kirche der Gescheiterten, der Schwachen, der Armen, der Abgeschobenen.

Schade, daß die Versammlungen der katholischen Christen zu oft auf dem Petersplatz stattfinden, wo Bernini, der Sohn einer heidnischen Epoche, die von Triumphalismus geschwellt war, das Ganze wie einen einzigen Triumph stilisiert hat. Auf diesem Platz sind keine Spuren zu finden von den Todesnöten der Kirche und vom Leiden der Menschen, und so ist das Ganze strenggenommen verfehlt, wenn auch schön.

Die Christen sollten ihre Versammlungen in Gefängnissen abhalten, in Spitälern, in Irrenhäusern, dort, wo Menschen weinen und an ihrem Fleisch die Verheerungen der Sünde leiden.

Dort ist das Antlitz Jesu zu suchen, dort wird es sich enthüllen, denn dort gilt es zu retten, was *„verloren ist"*.

Beifallsrausch kann eine Droge sein, und prunkvolle Prozessionen sollte man auf später verschieben, dann im Himmelreich.

Das Evangelium läßt uns nicht im unklaren, wo der wahre Triumph des Menschen zu suchen ist und der rechte Ausdruck der Heiligkeit und des Gebets.

Maria unter dem Kreuz ließ mich das Antlitz Jesu, ihres Sohnes, sehen. Es war das Antlitz eines von der gekreuzigten Liebe verklärten Menschen. Kein Antlitz könnte schöner sein.

Er ist auferstanden

Am Tag nach dem Sabbat machte sich Maria von Magdala frühmorgens auf den Weg, um nach dem Grab zu sehen. Es war noch dunkel, doch sah sie, daß der Stein vom Grab weggewälzt war. Sie lief zu Simon Petrus und dem andern Jünger, den Jesus liebte, und sagte ihnen: „Sie haben den Herrn aus dem Grab weggenommen, und wir wissen nicht, wo sie ihn hingebracht haben!"

Darauf ging Simon Petrus zusammen mit dem andern Jünger sofort hinaus zum Grab. Sie rannten alle beide, der andere Jünger schneller als Petrus, und so langte er vor ihm beim Grab an. Er neigte sich vor und sah die Binden am Boden liegen, doch er trat nicht ein.

Inzwischen kam auch Simon Petrus an, der hinter ihm hergelaufen war, er trat ins Grab ein und sah die Binden daliegen und das Schweißtuch, das um den Kopf Jesu gewunden war; dies lag aber nicht bei den Binden, sondern zusammengefaltet an einer besonderen Stelle. Hierauf trat auch der andere Jünger, der zuerst zum Grab gekommen war, hinein und sah und glaubte.

Noch hatten sie die Schrift nicht verstanden, daß er von den Toten auferstehen müsse.

Maria von Magdala stand unterdessen draußen am Grab und weinte. Die Jünger waren wieder nach Hause gegangen. Immer noch weinend beugte sie sich in die Grabkammer hinein.

Da sah sie zwei Engel in weißen Gewändern sitzen, den einen dort, wo der Kopf, den anderen dort, wo die Füße des Leichnams Jesu gelegen hatten. Die Engel sagten zu ihr: „Frau, warum weinst du?“ Sie antwortete ihnen: „Man hat meinen Herrn weggenommen, und ich weiß nicht, wohin man ihn gelegt hat.“

Als sie das gesagt hatte, wandte sie sich um und sah Jesus dastehen, wußte aber nicht, daß es Jesus war. Jesus sagte zu ihr: „Frau, warum weinst du? Wen suchst du?“ Sie meinte, es sei der Gärtner, und sagte zu ihm: „Herr, wenn du ihn weggebracht hast, sag mir, wohin du ihn gelegt hast. Dann will ich ihn holen.“

Jesus sagte zu ihr: „Maria!“ Da wandte sie sich ihm zu und sagte auf hebräisch zu ihm: „Rabbuni!“, das heißt: Meister.

Jesus sagte zu ihr: „Halte mich nicht fest, denn ich bin noch nicht zum Vater hinaufgegangen.

Geh aber zu meinen Brüdern und sag ihnen: ‚Ich gehe hinauf zu meinem Vater und zu eurem Vater, zu meinem Gott und zu eurem Gott'."

Maria von Magdala ging zu den Jüngern und verkündete ihnen: „Ich habe den Herrn gesehen." Und sie richtete aus, was er ihr gesagt hatte.

Am Abend dieses ersten Tages der Woche, als die Jünger aus Furcht vor den Juden die Türen verschlossen hatten, kam Jesus, trat in ihre Mitte und sagte zu ihnen: „Friede sei mit euch!" Nach diesen Worten zeigte er ihnen seine Hände und seine Seite. Da freuten sich die Jünger, daß sie den Herrn sahen.

Jesus sagte noch einmal zu ihnen: „Friede sei mit euch! Wie mich der Vater gesandt hat, so sende ich euch." Nachdem er das gesagt hatte, hauchte er sie an und sprach zu ihnen: „Empfangt den Heiligen Geist! Wem ihr die Sünden vergebt, dem sind sie vergeben; wem ihr die Vergebung verweigert, dem ist sie verweigert."

Thomas, genannt Didymus (Zwilling), einer der Zwölf, war nicht bei ihnen, als Jesus kam. Die anderen Jünger sagten zu ihm: „Wir haben den Herrn gesehen." Er entgegnete ihnen: „Wenn ich nicht die Male der Nägel an seinen Händen sehe und wenn ich meinen Finger nicht in die Male der Nägel und meine Hand nicht in seine Seite lege, glaube ich nicht."

Acht Tage darauf waren seine Jünger wieder versammelt, und Thomas war dabei. Die Türen waren verschlossen. Da kam Jesus, trat in ihre Mitte und sagte: „Friede sei mit euch!" Dann sagte er zu Thomas: „Streck deinen Finger aus – hier sind meine Hände! Streck deine Hand aus und leg sie in meine Seite, und sei nicht ungläubig, sondern gläubig!" Thomas antwortete ihm: „Mein Herr und mein Gott!" Jesus sagte zu ihm: „Weil du mich gesehen hast, glaubst du. Selig sind, die nicht sehen und doch glauben" (Joh 20,1–29).

Maria, ich habe das ganze Kapitel, in dem Johannes von der Auferstehung berichtet, wiedergegeben, weil ich nicht wußte, wie ich mich dir erklären soll.

Was sagst du dazu? Genügt es den von Dunkelheit eingeschlossenen Menschen, die Erzählung eines derartigen Ereignisses zu hören?

Vor allem aber: was hast du empfunden, als Magdalena dir sagte, sie habe Jesus im Garten gesehen? Und als Petrus und Johannes zu dir gelaufen kamen, um dir zu erzählen, wie sie das leere Grab gesehen haben?

Was ist an jenem Tag geschehen? Was bedeutet es, zu glauben, daß Jesus von den Toten auferstanden ist?

Und du, hast du ihn in jenen Tagen wiedergesehen?

Das Evangelium spricht nämlich nicht von dir.

Und dich ging das doch am meisten an.

Warum ist er dir nicht erschienen?

Was hat mir dieses Schweigen des Evangeliums zu denken gegeben!

Oder hat Jesus auf dich angespielt, als er zu Thomas sagte: *Selig sind, die nicht sehen und doch glauben* (Joh 20,29).

Warst du vielleicht die einzige, die es nicht nötig hatte, zu sehen, um zu glauben?

Und du warst selig.

Ich meine, so war es.

Und daher bist du unsere Meisterin im Glauben, und Elisabeths Lobpreis auf dich, ganz zu Anfang, war das größte Lob, das man dir spenden kann.

Selig bist du, weil du geglaubt hast.

Du hattest es nicht nötig, dich mit den Augen zu überzeugen. Du hast an deinen auferstandenen Sohn geglaubt, und das war dir genug.

An die Auferstehung Jesu glauben, das heißt allerdings glauben, ohne zu sehen.

Und auch ich möchte glauben, ohne zu sehen: wie du. Ich möchte nicht mehr das Bedürfnis empfinden zu sehen; genauer: ich erbitte es nicht mehr, sehen zu dürfen.

Oft, wenn ich vor dem Tabernakel bin, sage ich: „Ich glaube, Jesus Christus, an deine Gegenwart im eucharistischen Brot."

Dann sage ich mir: Was würde geschehen, wenn der Tabernakel aufspränge und Christus mir seine Gegenwart in anderer Weise offenbaren würde? Wenn er mir unter dem Zeichen des Menschen Jesu erschiene, wie ich ihn mir vorzustellen suche, wenn ich an ihn denke?

Nun, was dann geschähe? Ich würde mich abwenden und ihm sagen: Nein, ich brauche kein anderes Zeichen, mir genügt das Zeichen des Brotes.

Ein anderes Zeichen würde mich verwirren.

Nein, ich möchte es nicht.

Es könnte ja ein Trugbild meiner erregten Phantasie sein. Im Glauben hingegen fühle ich mich sicher, und ich sage dir im Heiligen Geist, der dein Geist ist: Ich glaube an deine Auferstehung von den Toten. Ich glaube an deine Gegenwart in der Eucharistie.

Nein, Brüder, es ist nutzlos, anderswo zu suchen. Ihr werdet nicht finden.

Das einzig Verläßliche ist der Glaube.

Die ekstatischen Zustände werden euch schwächen, Gefühlsüberschwang und Phantasie werden euch fanatisch machen, Visionen werden euch nicht überzeugen, die Suche nach dem Außerordentlichen wird euch der Wirklichkeit entfremden, absonderliche Wundergeschichten helfen euch nicht zu einem besseren Leben, jeder Abkürzungsweg endet im Aberglauben.

Das einzige, was bleibt, ist der Glaube.

Und wenn ich an die Auferstehung Jesu glaube, halte ich mich an nichts als an den Glauben.

Wenn ich glaube, bin ich unbezwinglich: *Das ist der Sieg, der die Welt besiegt hat: unser Glaube* (1 Joh 5,4).

Maria, sag du es mir wieder: Was geschah an jenem Morgen? War es leicht für die entstehende Kirche, für Petrus, für die Apostel, für die Jünger, sich davon zu überzeugen, daß Christus auferstanden war?

Und woher kam die Überzeugung?

Weil sie ihn gesehen hatten?

Und warum glaubten sie den Frauen nicht, die ihn gesehen hatten (vgl. Lk 24, 22)?

Was half das Sehen? Was war das für ein Sehen, wenn sogar Magdalena Jesus mit dem Gärtner verwechselte (vgl. Joh 20,15)?

Was hat sie nun gesehen?

Wie geht das mit dem Sehen zu, wenn man einen halben Tag zusammen mit Jesus auf der Straße nach Emmaus wandert, ohne ihn zu erkennen (vgl. Lk 24,16)?

Nein, nicht mit den Augen sieht man die Auferstehung Christi: nur im Glauben. Die Augen lassen sich zu leicht täuschen, allenfalls sehen sie das Zeichen.

Ist es wohl leichter mit dem Wort? Gewiß.

Vor allem, wenn es das Wort Gottes ist: *Und er legte ihnen dar, ausgehend von Mose und allen Propheten, was in der gesamten Schrift über ihn geschrieben steht* (Lk 24,27).

Aber auch wenn es sich um das Wort handelt, braucht es den Glauben, denn erst im Glauben hat sich die Offenbarung des Gottessohnes erfüllt.

Sie erkannten ihn am Brotbrechen. Er aber entschwand aus ihren Augen (vgl. Lk 24,30f).

Gott begegnet man im Glauben.

Seine lebenschaffende Kraft ergreift einen in der Hoffnung.

Ihn selbst erfährt man in der Liebe.

Und der Glaube ist dunkel.

Die Hoffnung ist schmerzlich.
Die Liebe ist gekreuzigt.

Maria, hilf mir glauben, gib mir deinen Glauben.

Sag mir, was es bedeutet, an die Auferstehung deines Sohnes zu glauben.

„Nun denn, ich sage es dir, und vergiß es nicht.

Wenn du siehst, wie der Sturm die Wälder niedermäht,
wie die Erdbeben die Städte zertrümmern,
wie das Feuer dein Haus frißt,
dann sag zu dir selber: ich glaube,
daß der Wald wieder aufwächst,
daß die Erde wieder stillhalten wird,
und mein Haus baue ich wieder auf.

Wenn du Gerüchte hörst, es werde Krieg geben, und die Menschen um dich herum vor Angst vergehen, *denn ein Volk wird sich gegen das andere erheben und ein Reich gegen das andere* (Mt 24,7), dann sag zu dir mit entschlossenem Mut: ‚Jesus hat es mir vorausgesagt und hinzugefügt: *Richtet euch auf, und erhebt eure Häupter; denn eure Erlösung ist nahe* (Lk 21,28).‘

Wenn die Sünde dich an der Kehle packt und du meinst, du erstickst und bist am Ende, sag zu dir selbst: ‚Christus ist von den Toten auferstanden, und ich werde von meiner Sünde auferstehen.‘

Wenn Alter oder Krankheit dein Leben bitter machen wollen, sag zu dir selbst: ‚Christus ist auferstanden von den Toten und hat Himmel und Erde neu gemacht.‘

Wenn dein Sohn davonläuft und Abenteuer sucht wer weiß wo, und du fühlst als Vater oder Mutter, wie deine Träume zerrinnen, sag zu dir selbst: ‚Mein Sohn wird Gott nicht entfliehen und wird heimkehren, weil Gott ihn liebt.‘

Wenn du siehst, wie die Liebe um dich herum erlischt und die Menschen in ihrer Sünde wie von Sinnen und in ihrem Verrat versumpft sind, sag zu dir selbst: ‚Sie werden an den Boden des Abgrunds stoßen, aber sie werden umkehren, weil man fern von Gott nicht leben kann.‘

Wenn dir die Welt wie eine einzige Niederlage Gottes erscheint und es dich ekelt vor der Verlotterung, vor der Roheit und dem Terror, vor dem Krieg, der sich fortzeugt, und wenn die Erde dir wie das Chaos vorkommt, sag zu dir selbst: ‚Jesus ist gestorben und auferstanden, um Rettung zu bringen, und sein Heil ist schon gegenwärtig unter uns.‘

Wenn dein Vater oder deine Mutter, dein Sohn oder deine Tochter, deine Braut, dein liebster Freund vor dir auf dem Sterbebett liegen und du in der tödlichen Angst vor der Trennung auf sie blickst, sag zu dir selbst und zu ihnen: ‚Wir werden uns wiedersehen im Reich Gottes, haben wir Mut!'

Das bedeutet an die Auferstehung glauben.

Damit nicht genug.

An den auferstandenen Christus glauben bedeutet noch etwas anderes.

Es bedeutet für Mutter Teresa von Kalkutta, die Sterbenden von der Straße aufzuheben, und für dich, ähnliches zu tun.

Es bedeutet für Martin Luther King, dem Tod zu trotzen, und für dich, ebenfalls dein Leben zu wagen um deiner Brüder willen.

Es bedeutet für Frère Roger Schutz, seinen Konvent zu öffnen, um der Welt eine Hoffnung zu sein, und so öffne auch du dein Haus.

Jeder Missionar, der hinauszieht, ist ein Vollbringer des Glaubens an die Auferstehung.

Jede Heilstätte für Leprakranke, die eingerichtet wird, ist ein Credo an die Auferstehung.

Jeder Friedensvertrag ist ein Akt des Glaubens an die Auferstehung.

Jeder Dienst, den du übernimmst, ist ein Akt des Glaubens an die Auferstehung.

Wenn du deinem Feind vergibst,
wenn du dem Hungernden zu essen gibst,
wenn du den Schwachen verteidigst,
glaubst du an die Auferstehung.
Wenn du den Mut hast, dich zu verheiraten,
wenn du das Kind annimmst, das zur Welt kommt,
wenn du dein Haus baust,
glaubst du an die Auferstehung.
Wenn du am Morgen heiter aufstehst,
wenn du der aufgehenden Sonne zusingst,
wenn du mit Freude an deine Arbeit gehst,
glaubst du an die Auferstehung.
An die Auferstehung glauben bedeutet, das Leben mit Vertrauen zu umfangen,
es bedeutet, dem Bruder Gutes zuzutrauen,
es bedeutet, vor niemand Angst zu haben.
An die Auferstehung glauben bedeutet, daran zu denken, daß Gott dein Vater ist, Jesus dein Bruder und ich, Maria, deine Schwester und, wenn du willst,
deine Mutter.“

ANHANG

Beten mit Maria

Nachdem ich versucht habe, dir etwas über Maria zu sagen, möchte ich mit dir ins Gebet eintreten.

Die älteste Tradition des christlichen Volkes hat immer die schlichte Form befolgt, bestimmte Tage zu wählen, um allein oder in Gemeinschaft einen Weg des Glaubens zu begehen, sich dem Wirken des Heiligen Geistes zu öffnen, und zwar gerade unter Anrufung derer, die auf so innige Weise ihr Leben von ihm durchdringen ließ.

Das Gebet in der Abfolge von neun Tagen, in der Weise einer „Novene", hat sich als besonders volkstümlich erwiesen, das heißt, es entspricht Menschen, die nicht überall Probleme suchen, sondern beten, um zu leben und in den Grund der Dinge zu finden.

Dieses Buch und die Betrachtungen sind bereits im Blick auf neun Tage gegliedert, und so empfehle ich dir diese Gebetsfolge in aller Einfalt. Wie es meine Mutter machte, die jedesmal, wenn wir in einer Klemme waren, sagte: „Machen wir eine Novene zur Muttergottes!"

Das Gebet folgt zwei Leitlinien, die mir für eine rechte Marienverehrung notwendig scheinen:

1. Die biblische Leitlinie,
2. Die kontemplative Leitlinie.

Die *biblische Leitlinie* hat den Zweck, die Seele mit dem Wort Gottes zu nähren. Dieses Wort wird zur theologischen Weisung und versetzt den Menschen in das wahre Licht der Offenbarung, bewahrt ihn vor pietistischen Verbiegungen und vor sentimentaler Oberflächlichkeit.

Die *kontemplative Leitlinie* schlägt einen anderen Weg ein und hält den Menschen in der Liebe fest, immer zwar auf der biblischen und theologischen Grundlage. Dieses Eingehen in die Liebe drückt sich in schlichten, regelmäßig wiederholten Formeln aus, wie der Rosenkranz, Litaneien, Stoßgebete. Solche Gebetsweise ist fast immer rhythmisch, einfach, karg und findet Genüge am Umkreisen weniger Dinge.

Zunächst mag ein Gebet dieser Art unreif, förmlich, geistlos erscheinen; wer aber dahintergekommen ist, dem geht das Gegenteil auf: es ist ein reifes Gebet, spontan und mit der höchsten Vernunft begabt, nämlich mit der Vernunft des Herzens. Sagt die Braut zum Bräutigam: „ich liebe dich", so ist das keine Albernheit. Und sagt sie es ihm fünfzigmal hintereinander, so glaube ich nicht, daß der Mann sich ärgert und die Frau für blöde hält, weil sie ihm immer dasselbe sagt.

Es ist der Liebe eigentümlich, daß sie sich im Rhythmus einfacher, warmer Worte wiederholt. Also: hast du das Bedürfnis, dein Gebet auf biblische Texte zu stützen, so tu es nur, merkst du aber, wenn du von der Arbeit nach Hause kommst, es täte dir gut und würde dich beruhigen, den Rosenkranz in die Hand zu nehmen und dich in ein rhythmisches und sich wiederholendes Gebet zu versenken, so sei ganz froh darüber.

Und daß du es weißt: wenn du den ganzen Rosenkranz fertigbringst, ohne dich um Gedanken zu bemühen, einfach zufrieden, daß du still bei der Mutter Jesu sein darfst, so sei glücklich, denn dann befindest du dich sicher unter der Führung des Heiligen Geistes, und darauf kommt es beim Beten an.

Du findest hier nun einen Gebetsplan für neun Tage.

Die *biblische Leitlinie* ist im ersten Teil mit den Laudes, der Vesper und den Lesungen angezeigt.

Die *kontemplative Leitlinie* folgt mit dem Vorschlag von Gebetsformeln und Entschlüssen.

Du wählst dir einfach aus, was dich am meisten anspricht. Laß dich bei der Auswahl nicht so sehr von literarischen Ansprüchen, sondern von der Liebe leiten. Sie ist immer die untrüglichste und sicherste Weise, in den göttlichen Rhythmus des Gebets einzusteigen.

Die Novene

Erster Tag

MARIA, MEINE SCHWESTER

Biblische Leitlinie

Das Thema für heute ist Maria in der Geschichte deines Lebens. Es ist ein Versuch. Mag sein, er fällt dir leicht, oder auch nicht. Laß dich ganz schlicht darauf ein. Lies das erste Kapitel des Buches, darin ich dir meine Erfahrung erzähle. Du erzählst die deine. Dann suche zu beten.

Ich gebe dir zwei Wege an:

Laudes:	Psalm 8
	Psalm 13
	Lied Moses (Ex 15,1–20)
Vesper:	Psalm 4
	Psalm 11
	Lied der Hanna (1 Sam 2,1–11)
Lesungen:	Genesis 1
	Jesaja 59
	Johannesevangelium 1

Kontemplative Leitlinie

Ich lehre dich eine neue Art, den Rosenkranz zu verwenden, mehr in der Art der Orientalen. Du sprichst bei jeder Perle nur die Anrufung:

Gegrüßt seist du, Maria und nach jedem „Zehner-Gesätzchen" schiebst du das vollständig gesprochene Gebet „Gegrüßt seist du, Maria" ein.

Oder bei jeder Perle:

Meine Mutter, ich vertraue dir

oder auch:

Mir geschehe nach deinem Wort

Im Laufe des Tages kannst du zu Maria mit diesem Lobgebet sprechen:

O mein einziger Trost,
göttlicher Tau, Kühlung in meiner Glut,
Regen, der von Gott herabfällt
auf mein verdorrtes Herz,
leuchtende Lampe in der Dunkelheit
meiner Seele,
Weisung auf meinem Weg,
Stütze in meiner Schwäche,
Mantel in meiner Nacktheit,
Reichtum in meinem tiefen Elend,
Arznei für meine unheilbaren Wunden,
Ende meiner Tränen und Seufzer,
Befreiung von allem Unheil,
Balsam für meine Schmerzen,

Lösung aus meiner Knechtschaft,
Hoffnung auf mein Heil ...

Amen, o meine Herrin,
Amen, o meine Zuflucht,
mein Leben und meine Hilfe,
mein Schirm und mein Ruhm,
meine Hoffnung und meine Stärke.

Germanus von Konstantinopel

Zweiter Tag

AVE MARIA

Biblische Leitlinie

Das Thema dieses Tages ist die Verkündigung.
Ich habe mich bemüht, Maria so nahe wie möglich in unser Leben hereinzubringen. Verkündigung bedeutet vor allem, daß Gott in unser Leben eintritt: er ist der „Gott mit uns". Verkündigung bedeutet auch Berufung, Anruf, Einladung, unseren Exodus zu beginnen, der Befreiung entgegenzugehen.

Maria lehrt uns den Mut und die Kraft im Glauben.

Laudes: Psalm 16
Psalm 18
Lied Moses (Deut 32,1–43)

Vesper: Psalm 17
Psalm 19
Lied Marias (Luk 1,46–55)

Lesungen: Exodus 17
Kolosserbrief (ganz)
Lukasevangelium 1

Kontemplative Leitlinie

Der Engel des Herrn brachte Maria die Botschaft
und sie empfing vom Heiligen Geist

Sieh, ich bin die Magd des Herrn,
mir geschehe nach deinem Wort

und das Wort ist Fleisch geworden
und hat unter uns gewohnt

Gegrüßt seist du, Maria…

Oder:

Freu dich, Maria, Mutter des Herrn, weil du die gute Botschaft empfangen hast.

Freu dich, o gesegnete unter den Frauen, weil alle Geschlechter dich seligpreisen.

Selig sind jene, die das Wort Gottes hören und es leben.

Freu dich, Maria, demütige Magd des Herrn, weil du an seine Verheißung geglaubt hast.

Freu dich du von der Liebe Gottes Erfüllte, weil sich um deinetwillen alle Geschöpfe freuen.

Selig sind jene, die das Wort Gottes hören und es leben.

Freu dich, Maria, Mutter des Messias, weil Christus von den Toten auferstanden ist.

Freu dich, du Vorbild der Kirche, weil Jesus dich zur Mutter der Glaubenden gemacht hat.

Selig sind jene, die das Wort Gottes hören und es leben.

Oder:

Mit der Jungfrau Maria, der Mutter des Herrn, preist unsere Seele den Herrn und frohlockt in Jesus unserem Erlöser.

Gelobt sei der Herr in Ewigkeit!

Mit Maria, der demütigen Tochter Gottes, singt und ruft unser Herz: Gott ist mit uns!

Gelobt sei der Herr in Ewigkeit!

Mit Maria, der Magd des Herrn, überlassen wir Gott unser Leben und sagen: dein Wille geschehe in uns.

Gelobt sei der Herr in Ewigkeit!

Mit Maria, der mit der Sonne bekleideten Frau, geben wir der Welt ein Zeichen des nahen Kommens unseres Herrn.

Gelobt sei der Herr in Ewigkeit!

Mit Maria, der Mutter Emmanuels, lassen wir es geschehen, daß das Wort Fleisch werde in uns und daß es uns aufnehme in sein Zelt.

Gelobt sei der Herr in Ewigkeit!

Heute kannst du zu den Perlen des Rosenkranzes den „Engel des Herrn" sprechen. Besonders dies:

Sieh, ich bin die Magd des Herrn,
Mir geschehe nach deinem Wort.

Vor der Nacht sing Maria dieses Loblied:

Sei gegrüßt, du Lied der Cherubim
und Lob der Engel.
Sei gegrüßt, du Frieden und Freude
des Menschengeschlechts.
Sei gegrüßt, du köstlicher Garten,
sei gegrüßt, du Holz des Lebens.
Sei gegrüßt, du Schutzwall der Gläubigen
und Hafen der Schiffbrüchigen.
Sei gegrüßt, Heimruf Adams,
sei gegrüßt, Loskauf der Eva.
Sei gegrüßt, Brunnen der Gnade
und der Unsterblichkeit.
Sei gegrüßt, du heiligster Tempel,
sei gegrüßt, Thron des Herrn.
Sei gegrüßt, du Reine, die du zertreten hast
den Kopf des Drachens
und ihn in den Abgrund stießest.
Sei gegrüßt, Zuflucht der Betrübten,
sei gegrüßt, Befreiung vom Fluch.
Sei gegrüßt, Mutter Christi,
des Sohnes des lebendigen Gottes,
dem Ruhm gebührt, Ehre,
Anbetung und Lob
jetzt und immer und überall,
Amen und auf Ewigkeit.

Ephräm der Syrer

Dritter Tag

MEIN GOTT, MEIN SOHN

Biblische Leitlinie

Gottesgeburt in Maria und Gottesgeburt in unserer Wirklichkeit. Gott ist der Umsturz aller Werte. Das unendlich Ferne wird das unendlich Nahe. Wo Angst war, kehrt Zutrauen ein, innige Vertraulichkeit.

Das Höchste, was man zu Gott sagen kann, ist: „Mein Sohn", und das heißt, den Mut gehabt zu haben, ihn im Glauben zu gebären.

Laudes:	Psalm 23
	Psalm 26
	Lied des Jona (Jon 2,3–10)
Vesper:	Psalm 25
	Psalm 24
	Magnificat Marias (Luk 1,46–55)
Lesungen:	Jesaja 35
	Johannesevangelium 13
	Lukasevangelium 2

Kontemplative Leitlinie

Heute füllst du die leeren Räume deines Tages, indem du deinen Rosenkranz auf orientalische Weise mit der Formel durchläufst:

Mein Gott, mein Sohn

und dir in Wahrheit vor Augen hältst, daß der Glaube die Macht hat, Gott in deinem Leben zu „gebären", unter dem Schmerzens- und Jubelschrei deines Glaubens – deiner Hoffnung – deiner Liebe.

Lobgebet

Sei gegrüßt, Mutter der himmlischen Freude,
Sei gegrüßt, die du hohe Wonne in uns nährst,
Sei gegrüßt, Sitz der erlösenden Freude,
Sei gegrüßt, die du uns ewige Freude darreichst,
Sei gegrüßt, o mystischer Ort unaussprechlicher Freude,
Sei gegrüßt, o würdigster Acker unsagbarer Freude.

Sei gegrüßt, o selige Quelle unendlicher Freude,
Sei gegrüßt, o göttlicher Schatz der Freude ohne Grenzen,
Sei gegrüßt, o schattiger Baum lebenspendender Freude,
Sei gegrüßt, Mutter Gottes, nicht dem Manne vermählt,
Sei gegrüßt, Jungfrau, nach der Geburt unversehrt,
Sei gegrüßt, staunenswerter Anblick,
der jedes Wunder übersteigt.

Wer könnte deinen Glanz schildern?
Wer könnte dein Geheimnis erzählen?
Wer vermöchte deine Größe auszusagen?

Du hast die menschliche Natur geschmückt,
du hast die Legionen der Engel überflügelt...
du hast jedes Geschöpf übertroffen...
Wir rufen dir zu: Sei gegrüßt, du voll der Gnade!

Sophronius von Jerusalem

Vierter Tag

DAS CHAOS DER GESCHICHTE

Biblische Leitlinie

Meditiere heute über die Schwäche eines Gottes, der auf seine Allmacht verzichtet, um in die Geschichte einzutreten und dies mit allen Konsequenzen.

Die Ermordung der Unschuldigen Kinder ist das Inbild eines unentwirrbaren Chaos, das Jesus hinnimmt, um die Menschen zu retten, aber sie ist auch das Zeichen, daß der Wille Gottes sich trotz der menschlichen Machtanmaßung und über sie hinweg erfüllt.

Laudes: Psalm 28
Psalm 30
Lied des Habakuk (Hab 3)

Vesper: Psalm 29
Psalm 31
Gesang der drei Jünglinge (Dan 3,52–90)

Lesungen: Jeremia 9
Hosea 2
Lukasevangelium 15

Kontemplative Leitlinie

Dein Stoßgebet ist heute:
Für Gott ist alles möglich

Das Magnificat

Meine Seele preist die Größe des Herrn, und mein Geist jubelt über Gott, meinen Retter.

Denn auf die Niedrigkeit seiner Magd hat er geschaut. Siehe, von nun an preisen mich selig alle Geschlechter!

Denn der Mächtige hat Großes an mir getan, und sein Name ist heilig.

Er erbarmt sich von Geschlecht zu Geschlecht über alle, die ihn fürchten.

Er vollbringt mit seinem Arm machtvolle Taten: er zerstreut, die im Herzen voll Hochmut sind;

er stürzt die Mächtigen vom Thron und erhöht die Niedrigen.

Die Hungernden beschenkt er mit seinen Gaben und läßt die Reichen leer ausgehn.

Er nimmt sich seines Knechtes Israel an und denkt an sein Erbarmen,

das er unsern Vätern verheißen hat, Abraham und seinen Nachkommen auf ewig.

Ehre sei dem Vater und dem Sohn und dem Heiligen Geist.

Wie im Anfang, so auch jetzt und alle Zeit und in Ewigkeit. Amen. Lk 1,46–55

Fünfter Tag

NAZARETH

Biblische Leitlinie

Die Meditation über Nazareth ist abgrundtief und sie ist deinem, meinem Leben am allernächsten.

Nazareth ist die Weise, auf dieser Erde unter dem Wirken des Glaubens zu leben. Nazareth bedeutet Gott mit uns, bedeutet die Vergöttlichung der einfachen Dinge wie Arbeit, menschliche Beziehungen. Es bedeutet Gebet tagaus tagein.

Bedenke, daß der heutige Tag grundlegend ist.

Laudes:	Psalm 33
	Psalm 37
	Lied (Kol 2,6–11)
Vesper:	Psalm 34
	Psalm 39
	Jesus Sirach 42,15–43,33
Lesungen:	Jesaja 53
	Brief an die Epheser
	Lukasevangelium 4

Kontemplative Leitlinie

Heute könntest du versuchen, den Rosenkranz zu beten. Du weißt, wie der Rosenkranz der katholischen Tradition geht.

Zwischen zehn „Gegrüßt seist du Maria“ und „Heilige Maria, Mutter Gottes“, nennst du jedesmal dasselbe Geheimnis, der Reihe nach eines der fünf zusammengehörigen.

Ich wiederhole dir hier die fünf freudenreichen Geheimnisse:

Jesus, den du, o Jungfrau, vom Heiligen Geist empfangen hast

Jesus, den du, o Jungfrau, zu Elisabeth getragen hast

Jesus, den du, o Jungfrau, geboren hast

Jesus, den du, o Jungfrau, im Tempel aufgeopfert hast

Jesus, den du, o Jungfrau, im Tempel wiedergefunden hast

Als Lobgebet heute dies:

Sei gegrüßt, du lichter Meeresstern,
Gottes hohe Mutter,
Jungfrau, die der Höchste sich erwählt,
sel’ges Tor des Himmels.

„Sei gegrüßt“, so sprach des Engels Mund,
„du bist voll der Gnade“.

Dieses Ave wendet Evas Los,
schenkt uns Gottes Frieden.

In das Dunkel unsrer Sündenschuld
bringe Licht den Blinden,
laß uns Sünder nicht verloren sein,
bitt für uns um Gnade.

Steh uns immerdar als Mutter bei,
daß durch dich uns höre,
der in deinem Schoße Wohnung nahm,
Mensch für uns zu werden.

Du bliebst rein vom Makel jeder Schuld,
Jungfrau ohnegleichen.
Halte fern des bösen Feindes Macht,
daß er uns nicht schade.

Führe sicher unsern Weg ans Ziel,
lenke unsre Schritte,
daß wir einst mit dir in Freude schaun
Christus, unsern König.

Gott dem Vater Lob und Herrlichkeit,
ew'ger Ruhm dem Sohne,
Dank und Lobpreis Gott dem Heil'gen Geist:
Ehre dem Dreieinen. Amen.

aus dem 9. Jahrhundert

Sechster Tag

TUT, WAS ER EUCH SAGEN WIRD

Biblische Leitlinie

Die heutige Betrachtung gilt unserer Aufgabe, dem Apostolat, dem Dienst.

Was bedeutet Apostolat? Tun, was Christus uns sagt. Nicht leere Geschäftigkeit. Maria hilft uns, daß wir in Jesu Nähe bleiben und ihn mit unserem Gebet herausfordern und mit unserer Liebe etwas bei ihm durchsetzen.

Laudes:	Psalm 40 und 46 Lied (Jesaja 26, 1–21)
Vesper:	Psalm 42 und 47 Magnificat (Lk 1,46–55)
Lesungen:	Exodus 19–20 Ezechiel 34 Johannesevangelium 15

Kontemplative Leitlinie

Du könntest heute deinen Rosenkranz wieder auf orientalische Art, mit einer Kurzformel im Blick auf das Apostolat beten dem Thema des heutigen Tages entsprechend:

Vater, sende Arbeiter in deine Ernte.
Vater, rette uns, wir gehen zugrunde.
Vater, dein Reich komme.

Abendlaudes:

O Maria, du Weite des Himmels,
Fundament der Erde,
Tiefe des Meeres, Licht der Sonne,
Schönheit des Mondes,
Glanz der Himmelssterne…
Dein Schoß hat Gott getragen,
vor dessen Majestät der Mensch erschauert.
Dein Leib umschloß die glühende Kohle.
Deine Knie hielten den Löwen,
dessen Majestät in Schrecken setzt.
Deine Hände berührten
den Unberührbaren
und das Feuer der Gottheit, das er in sich birgt.
Deine Finger glichen der weißglühenden Zange,
durch die der Prophet die Kohle
der himmlischen Weihe empfing.
Du bist der Korb für dieses Brot,
das aus feuriger Glut kommt,
und der Kelch für diesen Wein.

O Maria, in deinem Schoße reift
die Frucht der Hingabe…
wir bitten dich inständig,
bewahre uns vor dem Feind, der uns nachstellt,

und wie das dem Wein zugemessene Wasser
nicht mehr trennbar ist,
so gib, daß wir uns nicht trennen von dir
und deinem Sohn, dem Lamme des Heils.

Äthiopische Anaphora

Siebter Tag

DAS STERBEN JESU

Biblische Leitlinie

Diese Betrachtung ist grundlegend für unser Verständnis Jesu bis in sein inneres Leben hinein. Entdecken wir das Antlitz des leidenden Gottesknechtes, von dem Jesaja ein Bild entwarf und den Christus verwirklicht hat. Diese Haltung Jesu verstehen oder nicht verstehen bedeutet, die Gute Botschaft des Evangeliums in sich eindringen lassen oder nicht.

Laudes:	Psalm 22
	Psalm 51
	Gesang des Zacharias (Lk 1,68–79)
Vesper:	Psalm 55
	Psalm 57
	Lied vom Gottesknecht (Jesaja 49, 1–6).
Lesungen:	Jeremias 14–15
	Jesaja 53
	Johannesevangelium 18–19

Kontemplative Leitlinie

Heute könntest du den schmerzhaften Rosenkranz beten, der die Geheimnisse des Leidens Jesu betrachtet:

Jesus, der für uns Blut geschwitzt hat.
Jesus, der für uns gegeißelt worden ist.
Jesus, der für uns mit Dornen gekrönt worden ist.
Jesus, der für uns das schwere Kreuz getragen hat.
Jesus, der für uns gekreuzigt worden ist.

Willst du den Rosenkranz auf orientalische Art beten, so schlage ich dir diese Kurzformeln vor:

Vater, nicht mein Wille geschehe, sondern der deine.

Mein Gott, warum hast du mich verlassen.

Stabat Mater

Christi Mutter stand mit Schmerzen
bei dem Kreuz und weint' von Herzen,
als ihr lieber Sohn da hing.

Durch die Seele voller Trauer,
schneidend unter Todesschauer
jetzt das Schwert des Leidens ging.

Welch ein Schmerz der Auserkornen,
da sie sah den Eingebornen,
wie er mit dem Tode rang.

Angst und Jammer, Qual und Bangen,
alles Leid hielt sie umfangen,
das nur je ein Herz durchdrang.

Ach, für seiner Brüder Schulden
sah sie ihn die Marter dulden,
Geißeln, Dornen, Spott und Hohn.

Sah ihn trostlos und verlassen
an dem blutgen Kreuz erblassen,
ihren lieben einzgen Sohn.

Drücke deines Sohnes Wunden,
wie du selber sie empfunden,
heilge Mutter, in mein Herz.

Daß ich weiß, was ich verschuldet,
was dein Sohn für mich erduldet,
gib mir teil an deinem Schmerz.

Christus, laß bei meinem Sterben
mich mit deiner Mutter erben
Sieg und Preis nach letztem Streit.

Wenn der Leib dann sinkt zur Erde,
gib mir, daß ich teilhaft werde
deiner sel'gen Herrlichkeit.

Achter Tag

ER IST AUFERSTANDEN

Biblische Leitlinie

Was bedeutet für mich, zu glauben, daß Christus von den Toten auferstanden ist?

Maria sagt es dir.

Lassen wir alle Rhetorik, Sentimentalität und Verbohrtheit hinter uns und gehen wir entschlossen in die Dynamik des Glaubens, der Hoffnung und der Liebe ein, die den rechten Boden abgeben, auf dem sich Tag für Tag die Auferstehung Jesu verwirklichen kann.

Laudes:	Psalm 62
	Psalm 68
	Lied (Ezechiel 37,1–15)
Vesper:	Psalm 66
	Psalm 84
	Lied (Offb. 5,1–13)
Lesungen:	Das Buch Jona (ganz)
	Offenbarung des Johannes 21–22
	Lukasevangelium 24

Kontemplative Leitlinie

Wenn du heute den Rosenkranz auf orientalische Weise durch die Finger gleiten läßt, so sprich dazu:

Christus Jesus ist auferstanden,
er ist wahrhaft auferstanden.

Und vor der Nacht lobe Maria mit diesem Lied:

O Jungfrau, aus dir
wie aus einem unversehrten Berg
wurde Christus, der Eckstein, gebrochen,
der die getrennten Naturen vereinte.

Deshalb freuen wir uns
und preisen dich, o Mutter Gottes!

Kommt, gedenken wir reinen Herzens
und mit schlichtem Gemüt der Tochter des Königs,
sie ist der Ruhm der Kirche,
glänzender als Gold,
preisen wir sie!

Sei gegrüßt und jauchze, o Braut des großen Königs,
wie herrlich widerstrahlst du
die Schönheit deines Gemahls,
und du jubelst mit deinem Volk:
O Geber des Lebens,
wir preisen dich!

O Erlöser, gibt deinen himmlischen Beistand
deiner Kirche;
sie erkennt keinen anderen Gott
und Erlöser an, außer dir,
der du dein Leben für sie hingabst,
und sie verherrlicht dich voll Dank.

Nimm das Flehen deines Volkes an,
o Jungfrau Mutter Gottes,
und hör nicht auf, für uns zu bitten
bei deinem Sohn, damit er uns, die wir dich loben,
aus Gefahren und Versuchungen befreie.
Bist du doch unsere Fürsprecherin
und unsere Hoffnung.

Andreas von Kreta

Neunter Tag

MIT MARIA

Biblische Leitlinie

Laudes: Psalm 89
Psalm 103
Das himmlische Jerusalem (Offb 21)

Vesper: Psalm 91
Psalm 103
Magnificat (Lk 1,46–55)

Lesungen: Jesaja 42
Brief an die Philipper
Johannesevangelium 17

Kontemplative Leitlinie

Wir kommen zum Ende unserer kurzen Einkehr von neun Tagen, die wir in Gemeinschaft mit Maria verbracht haben.

Du solltest dir jetzt deine Kurzformel wählen, besser noch: schmieden, deine „Geheimformel", die du künftig bei jeder Begegnung mit ihr gesammelt und in Liebe wiederholst. Du wirst sehen, sie wird dir helfen, das „immerwährende Gebet" dir zu eigen zu machen.

Zur Komplet rezitiere:

Gruß dir, Mutter, in Gottes Herrlichkeit,
Mutter Gottes, Mutter der Christenheit,

Stern der Hoffnung und Quell der Seligkeit.
Gruß dir, Mutter, reich an Barmherzigkeit,
o Maria.

Du Maria bist Gottes treue Magd,
hast auf sein Wort im Glauben Ja gesagt.
Selig bist du, weil du ihm ganz vertraut,
du Magd des Herrn, du Mutter und du Braut,
o Maria.

Gruß dir, Jungfrau, du Gottes heilges Zelt.
In deinem Schoß barg sich der Herr der Welt,
der herrscht zur Rechten auf des Vaters Thron;
der Schöpfung Herr und König ward dein Sohn,
o Maria.

Hilf, o Mutter, Zuflucht in allem Leid,
sei unser Trost und Quell der Fröhlichkeit.
Auf Gottes Wort laß gläubig uns vertraun,
bis wir mit dir den Herrn im Lichte schaun,
o Maria.

Gott der Vater schuf dich nach seinem Plan.
Es nahm der Sohn aus dir die Menschheit an.
Die Kraft des Geistes hat dich ganz erfüllt;
die Liebe Gottes ist in dir enthüllt, o Maria.

Gruß dir, Mutter, in Gottes Herrlichkeit,
Mutter Gottes, Mutter der Christenheit,
Stern der Hoffnung und Quell der Seligkeit.
Gruß dir, Mutter, reich an Barmherzigkeit,
o Maria.

Nach: „Salve, mater misericordiae“ (Übertragung J. Klein)

Das Rosenkranzgebet

Der Rosenkranz ist durchaus nicht das rhetorische, stumpfsinnige, nutzlose Gebet, wie manche meinen. Viele auf dem Weg des Gebets schon weit fortgeschrittene Menschen finden im Rosenkranz die einfachste Form, das Gebet auf konkrete Weise zu leben und längere Zeit darin zu verharren.

Ich meine, wer diese Art Gebet liebt und sich wohl fühlt beim Rosenkranzbeten, ist ein kontemplativer Mensch oder auf dem Weg dazu, einer zu werden.

Der Rosenkranz ist weithin verbreitet, wir finden ihn in allen Offenbarungsreligionen. Drei Formen gebe ich dir an, die du in diesen Tagen gebrauchen kannst.

DER MARIANISCHE ROSENKRANZ

Diese Form des Rosenkranzgebets ist die unsrige.

Der Rosenkranz ist eine Huldigung an die Mutter Jesu. Er ist ein richtiges kleines Marienoffizium und eine schlichte Gebetshilfe für das Volk. In der katholischen Tradition hat er eine große Rolle gespielt. Für viele Menschen war er die einzige Hilfe, in schweren Zeiten den Glauben zu bewahren.

Der Rosenkranz ist der Versuch, im Zeitraum einer knappen halben Stunde einen kleinen Betrachtungsweg durch die Heilsgeschichte zu gehen, konzentriert auf ihre wichtigsten Ereignisse und im Blick auf den Herrn und seine Mutter.

Die heute gebräuchliche Form des Rosenkranzgebets betrachtet bei je zehn „Ave Maria" je ein Ereignis (auch Geheimnis genannt) der Menschwerdung, des Leidens und der Erhöhung Christi. Ein „Vaterunser" eröffnet, ein „Ehre sei ..." schließt jedes dieser „Gesätze" von zehn „Ave", die an den Perlen einer Schnur gezählt werden. Diese Schnur ist aus 50 Perlen gemacht, die in fünf Zehnergruppen abgeteilt sind, zwischen denen sich je eine zusätzliche, meist größere Perle (für das „Ehre sei ...") befindet.

Der Betrachtungsweg, den wir im Rosenkranzgebet einschlagen können, entfaltet sich in drei thematischen Richtungen:

– Die Freuden Marias
– Die Schmerzen Marias
– Die Glorie Marias.

Und so reihen sich die 15 Geheimnisse aneinander:

Freudenreiche Geheimnisse

Jesus, den du, o Jungfrau, vom Heiligen Geist empfangen hast

Jesus, den du, o Jungfrau, zu Elisabet getragen hast

Jesus, den du, o Jungfrau, geboren hast

Jesus, den du, o Jungfrau, im Tempel aufgeopfert hast

Jesus, den du, o Jungfrau, im Tempel wiedergefunden hast

Schmerzhafte Geheimnisse

Jesus, der für uns Blut geschwitzt hat
Jesus, der für uns gegeißelt worden ist
Jesus, der für uns mit Dornen gekrönt worden ist
Jesus, der für uns das schwere Kreuz getragen hat
Jesus, der für uns gekreuzigt worden ist

Glorreiche Geheimnisse

Jesus, der von den Toten auferstanden ist
Jesus, der in den Himmel aufgefahren ist
Jesus, der uns den Heiligen Geist gesandt hat
Jesus, der dich, o Jungfrau, in den Himmel aufgenommen hat
Jesus, der dich, o Jungfrau, im Himmel gekrönt hat

DER BYZANTINISCHE ROSENKRANZ

In der byzantinischen Liturgie heißt diese Art Rosenkranz „Cotki" und auf russisch „Comvolojan". Es ist eine Gebetsschnur mit hundert Knoten, die man zwischen den Fingern hindurchgleiten läßt. Bei jedem Knoten spricht man:

Herr Jesus Christus,
Sohn des lebendigen Gottes,
sei mir Sünder gnädig.

Dies hat denselben Ursprung wie das berühmte immerwährende Jesus-Gebet des „Russischen Pilgers":

Herr Jesus Christus,
erbarme dich meiner.

Das unablässige Wiederholen dieses Gebets ist ein

hervorragendes Mittel, Phantasie und Einbildungskraft „einzuschläfern".

Wie die Mutter ihr Kind wiegt, damit es einschläft, so bringen der Rhythmus und die Eintönigkeit des Gebets diese zwei Hausnarren zur Ruhe, die immer auf dem Sprung sind, das Gebet durcheinanderzubringen.

ISLAMISCHER ROSENKRANZ (Subha)

Er ist zweifellos der einfachste und zugleich der vollkommenste „Rosenkranz". Er besteht aus 99 Perlen (entsprechend den 99 Anrufungen Gottes), die man zwischen den Fingern gleiten läßt, wobei man zu jeder Perle eine Anrufung spricht, aber immer dieselbe, einzige, die man aus den 99 ausgewählt hat.

Das ist wirklich ein unerschöpflicher Brunnen des Gebets. Wer in Gott verliebt ist, wird nicht satt, es zu wiederholen. In islamischen Ländern bekommt man leicht solche „Gläubigen" zu sehen, die unterwegs den Rosenkranz in der Hand halten und die Perlen gleiten lassen, während die Lippen murmeln:

Mein Gott, wie groß bist du

oder:

Gott, du bist der Barmherzige.

Oft wird die gewählte Anrufung wie ein persönliches „Geheimnis" bewahrt. Ich jedenfalls habe niemanden, auch keinen Freund, dazu vermocht, mir die in seinem Gebet verwendete Anrufung zu entdecken.

Aber ich sage euch die meine, ich habe da weniger Scheu:

Mein Gott, ich liebe dich,
hab Erbarmen mit mir.

Und ich glaube, es gibt auf der ganzen Welt keine Braut, die ihrem Bräutigam mehr sagen könnte als dies „ich liebe dich".

Hier also die 99 Anrufungen Gottes:

Der Wohltäter
Der Barmherzige
Der König
Die Schönheit
Der Friede
Der Getreue
Der Verteidiger
Der Mächtige
Der Wiedergutmacher
Der Große
Der Fruchtbare
Der Schöpfer
Der Wachsame
Der Nachsichtige
Der Herrscher
Der Verherrlichte
Der Prächtige
Der Hüter
Der Freimachende
Die Vorsehung
Der Majestätische
Der Freigebige
Der Wächter
Der, der sieht
Der, der erhört
Der Weise
Der Strahlende
Der Geliebteste
Der, der erniedrigt
Der, der erhebt
Der, der Würde verleiht
Der, der nimmt
Der Unbezwingliche
Der Heilige
Der allen Lobes Würdige
Der Allwissende
Der Fürst
Die Auferstehung
Der Herr des Todes
Der Lebendige
Der Überströmende
Die Neuheit
Der Maßvolle
Der, der vereint
Der Genügende
Der Reiche

Der, der die Güter besitzt
Der, der sie trennt
Der, der sie verteilt
Der Geber
Der Austeilende
Der Sieger
Die Erkenntnis
Der, der öffnet
Der, der schließt
Der Seher
Der Aufmerksame
Der Richter
Der Gerechte
Der Feine
Der Beobachter
Der Gütige
Der Großmütige
Der Freundliche
Der Unwandelbare
Der Einzige
Der Ewige
Das Gute
Die Liebe
Der Kluge
Der, der hervorbringt
Der, der zuvorkommt
Der Erste

Der Letzte
Der Offenbare
Der Verborgene
Der Beschützer
Der Würdigste
Der Allmächtige
Der Zeuge
Die Wahrheit
Der Starke
Das Recht
Die Vergebung
Der Fürsorgende
Der Gute
Der Liebenswürdige
Das Reich
Der Herr der Majestät
Der Herr der Hochherzigkeit
Das Licht
Der Mitfühlende
Der Glorreiche
Der Universale
Der Führer
Der Vollkommene
Der Erhabene
Der Geduldige
Die Süßigkeit

Die hundertste Anrufung wird geheimgehalten, und Gott offenbart sie persönlich, wem er will.